图解服务的细节
138

お客様を幸せにする「靴売り場」

像销冠一样卖鞋

［日］久保田美智子 著
晓磊 译

前 言

"您穿鞋子吗？"

怎么会有人问这么理所当然的问题……大家心里定然备感疑惑吧。可见，鞋子对于人们而言是何等习以为常、必不可缺。

在古代，日本人一直穿木屐或草鞋生活。西方文化传入日本后，日本人的衣着从和服转变为洋装，鞋子也由木屐或草鞋发展为西式鞋履。鞋子的种类繁多，男士可选择运动鞋、商务鞋，女士则有浅口鞋、穆勒鞋、高跟鞋、乐福鞋……真是五花八门。

对日本人来说，鞋子真正的历史应始于战后。如此想来，这段短暂的历史尚且不满100年。在此期间，日本人穿鞋的环境发生了翻天覆地的变化。

人的一生中，究竟要消耗多少双鞋子呢？自记事时起，人们便开始穿鞋。长大成人，踏入社会，开始工作……对大部分人而言，鞋子直接关乎人生的各个阶段。另外，专业运动员为了取得更好的成绩，会严格挑选适合自己的鞋子，普通人其实也是如此。

"这也太夸张了吧?"大家或许不以为然。的确，一双鞋的影响力可能不足以左右人生。然而，人一天也离不开鞋子。从健康的角度来看，鞋子带给人的影响不容小觑。若长年累月穿着不合脚的鞋子，终究会给身体造成伤害……这一点想必大家都很清楚。磨脚等短时间的不适自不必说，还可能引发嵌甲、脚趾外翻等慢性脚部问题，甚至造成腿部出现O型、X型等病变，鞋子是否合脚带给人的影响由此可见一斑。

我是一名试鞋师。多年来，我一直在百货公司的鞋履专柜工作，观察、测量过许多顾客的脚，倾听他们的需求，帮助他们挑选出最适合自己的一双鞋。

在长达40多年的职业生涯中，我学到了很多知识，积累了大量的经验。现在，我想将它们传递给即将迈入社会的年轻人。在这种想法的驱使下，我决定将自己的心得整理成书。

大家或许认为这不过是老生常谈。因为时代在不断变化。但只要冷静下来思考，我们就会发现不变的事物其实更多。鞋子依然是人们的必需品，为鞋子而烦恼的人仍不在少数。我的心愿也始终如一，那就是希望更多的人找到适合自己的鞋子，精神抖擞地踏出每一步。

前　言

本书将围绕如何认识鞋子、怎样正确地选鞋，以及卖场风格打造展开介绍。由于写书的初衷是向后辈传授经验，因此本书看起来可能更像是业界的专业书。但是，只要稍微转变视角，消费者也能从中得到诸多启示。

该怎么销售→该怎么购买

如何打造卖场→如何选择卖场

怎样才能成为一名好的销售人员→怎样才能辨别好的销售人员

若能以这种方式来阅读，那么大家对鞋子的选择必然也会有所改变。

无论现在还是未来，希望大家都能昂首阔步地向前迈进。在本书的启发之下，寻找到值得自己珍视的好鞋。

目 录

第 1 章
现在在店铺购物有什么好处?

通过机器人客服或者网购买不到的东西 …… 004

什么是鞋履顾问? …… 009

什么是只有人类才能做到的"客户服务"? …… 012

让网络时代成为您的朋友! …… 016

如果您不观察您的顾客,您就无法接近他们 …… 019

待客时跪着"过分"了吗? …… 022

只说"适合您"的销售人员 …… 024

打造"熟客",成为"专属客服" …… 027

成为一个拥有很多"抽屉"的销售员 …… 032

如何打败网上购物? …… 036

如何与比自己年长的顾客互动? …… 039

专栏 重新认识到脚部重要性的顾客 …… 044

第 2 章

打造卖场很有趣

—— 如何识别一家好店

您想进什么样的店购物？ ················· 050

如何决定采购和商品构成？ ················ 058

如何理解趋势？ ······················ 061

如何利用收集到的信息？ ················· 066

工作场所的人际关系影响着卖场 ············· 068

镜子、鞋拔、椅子 ···················· 072

您知道店里所有的商品吗？ ················ 076

了解您的客户并思考如何销售 ·············· 080

识别一个好的卖场和好的员工 ·············· 083

| 专栏 　百货公司鞋履卖场的乐趣 ············· 085

第 3 章
一起来了解一下鞋子吧
——如何挑选好鞋子

欧美人如何穿鞋／日本人如何穿鞋 …………	091
日本人不认识自己的脚 ………………………	093
从测量数据中可以读取什么 …………………	096
什么样的鞋才是好鞋？ …………………………	099
日本人的脚变了吗？ ……………………………	104
试穿时的检查要点 ………………………………	107
镜子里会映照出顾客的真实感受 ……………	114
直到找到一双好鞋——明确缺点 ……………	116
进口鞋和日本产鞋 ………………………………	118
熟练的销售人员了解"基础"和"趋势" ……	120
为什么百货公司不再提供"定制"服务 ……	122
专栏　最佳鞋跟高度 ………………………	124

第 4 章

未来如何买卖鞋子

当我看着 9 岁的孙女时我在想 …………………… 130

上了年纪后我学到的东西 ………………………… 133

太固执会让人停滞不前 …………………………… 136

让德国人惊讶的日本婴儿鞋 ……………………… 139

我在中国鞋市场的经历 …………………………… 142

断舍离与时尚 ……………………………………… 145

我现在能做什么？ ………………………………… 148

| 专栏 | 未来鞋店
——将自己所学活用到创建一家店上 ……… 151

结　语 ……………………………………………… 154

# 第 1 章

现在在店铺购物有什么好处?

"在店铺买东西的人越来越少了。"

这是一个现实情况,适用于一切商品,不仅仅是鞋子。书籍、生活用品、衣物,甚至棺材都可以在网上购买。很多人甚至在店铺查看实际商品,确认商品编号,然后在网上订购。重要的是,如果您在网上购买,它会被送到您家,而且(在某些情况下)比在店铺购买更便宜……您的店没有办法打败网店。

这难道是真的吗?这就是我最想问的。

"出于这样那样的原因,在店铺购买会更好(更明智、更便宜)。"我想找到这个问题的答案。

第1章是关于"在店铺,与店员面对面地买鞋子"。

◆ 通过机器人客服或者网购买不到的东西

最近,在很多酒店的前台已经出现了人形机器人。

这成了一个热门话题。不仅是日本人,海外游客也很喜欢这样的酒店。酒店里搬运行李的搬运工也是机器人。从商业角度来看,它可以减少占支出大部分的劳动力成本,因此它有除了让人耳目一新的很多其他好处。

随着人工智能技术的发展,能够灵活说话的机器人也出现了。这种现象在城市地区似乎已经变得很普遍,以至于人们经常能在街上看到招徕顾客的机器人宣传员。

如今,少子老龄化日益严重,许多行业都面临人才短缺的问题。人工智能技术和能够处理精细任务的机器人可能会成为"救世主"。

这也意味着"传统上由人类完成的工作"将被"人工智能和机器人"取代。

您不觉得现在银行柜台的数量减少了吗?为人们办理业务的柜台数量减少了,因为自动取款机(ATM)就能提供存款和取款服务。

这是司空见惯的事。在很多地方，您不必在店铺等待，24小时中的任何时间都能办理业务。无论是 ATM 机还是人，业务的对象都是"钱"。但鞋子不一样。

您可能会想"鞋子就是鞋子啊"，是的，但也不是。

在店铺为顾客服务时，顾客会说：

"我已经知道我想要什么鞋了。请把适合我尺码的鞋子拿来。"

"我想试穿，如果合适，我就会购买。除此之外，我对客户服务很满意。"

有些人不喜欢销售人员与他们交谈，有些人只想要他们在杂志上看到的鞋子。在这种情况下，也许从自动售货机购买鞋子是个好主意。然而，您是否真的能买到好东西，这是非常值得怀疑的，因为选购鞋子是一件很有难度的事情。

有些人脚的大小在早上、中午、晚上会发生近 1 厘米的变化；有些人（事实上，大多数人）的左右脚尺寸不同，如果穿不合脚的鞋子，会毁掉您的身体。

我并没有夸大其词。

槌状趾、拇囊炎、内嵌趾甲……您可能听说过它们。不知道大家是否有过这样的经历:"我再也走不了一步了!"长时间勉强穿不合脚的高跟鞋甚至会导致背痛和头痛。

当您年轻的时候,您可能只会说:"今天只是太累了。"但这种积累最终会导致严重的问题,例如罗圈腿和拇囊炎。

机器人和在线零售商无法做到的事情,就是我们销售人员以及鞋履顾问发挥作用的地方。这意味着我们要与每个客户共情并回应每个独特的客户需求。也就是说我们要了解客户的情况并利用自己的知识和经验向其提供最佳建议。

"那我们得有一个巨大的数据库才能做到啊。"

不,不。

选择鞋子是一个"例外的宝库"。人体并不是一成不变的。它会随身体状况、年龄、时间和其他因素的变化而变化。

如果您想把您宝贵的身体托付给某人,您不认为您需要一个合适且优秀的家庭医生吗?

您的个人体质、生活环境、生活习惯、喜好、家庭环境、既往病史……知道这些的人就是您可以信任的人,不是吗?

比如,当您被告知因为超重需要节食:"看来因为工作关系,您晚饭吃得比较晚,晚上 10 点以后就尽量别吃东西了啊。"

或者被告知:"您有这种过敏症,所以要避免这种食物,如果您想要摄入同样的营养物质,就选择这种。"

这就是我所说的"因人而异的建议"。

理想情况下,我希望人们也以这种方式购买鞋子。购买之前最好请懂您脚的人做一下推荐。

您不应该在网上购买鞋子的另一个原因是,适合您的鞋子是无可替代的。

最近,我们经常听到"年轻人远离××""消费者远离××"这样的说法。人们一般会感兴趣的东西有汽车、书籍、旅行、电影等。

当他们离开××时,他们会做什么呢?其实大多数事情都有一个"替代方案"。

因为有出租车和租车服务,所以您不必购买昂贵且需要花钱进行维护的汽车。书籍已被电子书、漫画、互联网和SNS(社交网络)取代。尽管去电影院的人越来越少了,但观看YouTube的人仍然很多。即使谈到旅行,我也感觉自己只需通过观看旅行节目或阅读某人的博客就像是已经到了那里。

然而,鞋子并非如此。我不能赤脚出门。如果没有脚部的保护措施,任何人都不能离开家。此外,穿什么并不是最重要的,但如果选择错误,会对身体产生负面影响。最适合 A 的鞋子不一定最适合 B。

只有自己或懂鞋的人才能分析并决定哪些鞋子最合适。机器人客服和网上购物是销售人员的"替代品",但绝不是一个优秀的替代品。对于鞋子来说,真正满意的购物体验只能从实际店铺的销售员那里获得。

当然,这里有一个大前提,就是要"从优秀的销售人员那里购买"。

如果您是一名"销售人员",正在阅读本书,那么为了让您的店铺变得更好、更繁荣,成为一名"优秀的销售人员"很重要。

如果您想买鞋,那么找到一个好的销售人员很重要,因为这样才能明智地买到适合您的鞋子。

◆ 什么是鞋履顾问？

近年来，"葡萄酒侍酒师""蔬菜行家""蘑菇大师""日本茶茶艺大师"等已成为各领域的"专家"头衔。

那么什么是鞋履顾问呢？就是脚和鞋子方面的专家。

不合脚的鞋子可能会危害您的健康。

人人都想 10 年后、20 年后、30 年后健健康康的。因此，从年轻时就穿适合自己脚的鞋子非常重要。

鞋履顾问是：

"我们深知，我们对顾客的健康起着重要作用"，"我们是掌握了足部基础知识和选鞋技巧的'试鞋专家'"，"我们从预防足部疾病的角度出发，为顾客选择最合适的鞋子"。

更详细地解释鞋履顾问的工作：

1. 找到适合每个人脚部的鞋子，每个人的脚部都具有不同的特征，例如尺寸和形状。为此，我们会准确测量顾客的脚并找出任何存在的问题。

2. 熟悉所选鞋子的材质和制作方法，并正确理解其特点。

3. 如果推荐给顾客的鞋子与顾客的脚有轻微的不符，我们会对鞋子的内部进行微调以改善合脚性。

4. 鞋子使用一段时间后，如有必要，我们将提供售后护理服务。

5. 如果没有现成的适合顾客的鞋子，我们将指导顾客购买定制鞋。

6. 我们向鞋子制造商反馈我们在店铺获得的信息，并提供改进鞋子的建议。

7. 为了指导我们的顾客，我们将在店铺，或通过讲座、研讨会传播关于鞋子的准确信息。

如您所见，鞋履顾问是脚和鞋子方面的专家。培训和认证这些鞋履顾问的公司是"一般社团法人，足部、鞋类和健康协会"（FHA）。

FHA 由志愿者于 1965 年（第 18 届夏季奥林匹克运动会后的第二年）成立，目标是"改进日本女鞋"。目前，FHA 不仅培训和认证初级、中级、高级鞋履顾问,还培养了一大批针对不同年龄层的老年鞋、婴儿鞋、童鞋的专业鞋履顾问。

我在前文中所说的您应该从"优秀的销售人员"那里购买鞋子,指的就是这些足部和鞋子专业人士。

◆ 什么是只有人类才能做到的"客户服务"？

我们现在生活在一个很大一部分任务可以由机器人来完来，或者可以通过自动化、互联网来实现的世界。但正如我在前文提到的，您仍然应该从销售员那里购买鞋子。

那么，什么样的客户服务只能由人来做呢？我认为这里的关键就是是否需要服务人员具有"同理心"。

假设一个机器人对您说："今天天气很好。""哦，现在的机器人太棒了。"您可能会对他们判断天气好坏的方式印象深刻，但我认为人很难与机器人共情。因为"机器人不会有任何感觉"，它不会觉得热或冷，它永远不会知道在阳光下的感觉有多好。机器人的说法是，如果温度高于某个温度，则"热"；如果低于某个温度，则"冷"；如果下雨，则"冷"。机器人很难与人对某件事产生共鸣，因为没有感觉就没有"感觉"。

而人类可以做到这一点。

当有人说:"我喜欢这双鞋,但穿上它我的脚就很痛。"

人类能够理解鞋子不合脚的痛苦。人类知道哪里疼、为什么疼、怎么疼。鞋履顾问拥有关于鞋子的专业知识,并且能够通过自己的经验了解女性对女鞋的需求以及男性对男鞋的需求。

当然,仅仅对受苦受难的人说"我为您感到难过"可能会给人带去一些安慰,但它不能对人有任何实质性帮助。感同身受后,

- 这个人在寻找什么?
- 问题的本质是什么?
- 解决问题需要什么?
- 店内可以提供解决方案吗?

我们必须将它们一一解开,并将它们与最终的提案联系起来,这需要时间。当顾客尖叫着"脚很痛,做点什么啊!",而您只是说:"很疼吧?"这样不会让顾客感到任何安慰。

仅对顾客说"如果疼,就吃止痛药"的鞋履顾问是不合格的。

"告诉我您有什么样的疼痛感?"

"一直都这么疼吗?"

"一整天都疼吗?"

鞋子和顾客的脚,到底在哪个地方不合适?

我们详细测量和观察客户的脚,以明确所有问题。基于此,向顾客推荐不会让顾客产生疼痛感的鞋子。这就是鞋履顾问的角色。

那么,什么样的人会是一个好的鞋履顾问呢?

您认为好医生和坏医生的区别是什么?那就是知识和经验的多少。首先,必须有足够的知识,否则什么事都无从谈起。然而,哪种知识更强大:是在书本上读到的知识,还是在实际接触患者的身体和处理疾病过程中积累的经验和知识?答案不言而喻。我们面对的是人体,它是独特且不断变化的。从某种意义上说,鞋履顾问就像医生。

重要的是您是否经手过大量案例研究。这取决于您见过多少双脚和鞋子。

如今成为热门话题的人工智能(AI)的伟大之处在于它可以自主学习。与人类通过积累经验并将其活用的过程相同,AI通过处理各种异常情况的经验积累,能够产生超出最初编程的结果。不过,我认为鞋履顾问不能被人工智能替代的原因是,他们拥有计算机所没有的"情感",顾客有情绪,服务人员有情绪，他们对彼此也会产生情绪。当然，优先处理顾客情绪是服务人员的首要任务，但服务人员衡量顾客的喜怒哀乐，并共情他们，才能产生更好的结果。我认为人工智能还做不到这么多事情。

◆ 让网络时代成为您的朋友!

我告诉过您,计算机不可能有"同理心"。然而,"共享"是互联网世界特别擅长的事情。现代社会有各种媒体,如电视、报纸、互联网等。还有人手一部的智能手机,它们更像是"手掌可用的计算机",而不是手机。现在在街上能看到很多人都随身携带功能强大的"计算机"。

如您所知,通过报纸等印刷品、无线电波进行的广播,与互联网上的信息传播速度无法相比。但互联网上的信息,尤其是 SNS 上的信息的准确性根本无法得到保证,有时只是谣言和口口相传。

然而,人们对于谣言一向很敏感,也很容易受到谣言的影响。此外,无论我们使用多么先进的工具,我们仍然渴望好的和感动我们的故事。

社交媒体在世界范围内风靡,但给人们留下深刻印象的不是计算机。人们寻求感动和同理心,这是计算机无法做到的,社交媒体流行的原因是人们喜欢利用计算机以极快的速度传播和分享"感动"和"同理心"。

当您乘坐电车时,您会看到不少人盯着手中的智能手机。有些人读新闻,有些人玩游戏。也有很多人在 SNS 上与他人联系或阅读某人的故事。据说,通过网络流行起来的商品很快就会被卖光。互联网的影响力如此之大,甚至成为一种促销力量。当然,鞋子是不应该被这样销售的商品,但我认为正是在这个时代,我们应该利用好互联网的力量。

"人们来到店铺只是为了查看商品,但他们不会购买商品,而是在网上进行购买。"

这是令零售行业人士头疼的问题。可以说,这是一种利用互联网特性"搞定"购物的模式。然而,如果我们利用互联网的特性来分享我们的感动呢?如果我们的鞋履顾问和销售人员通过互联网给人留下深刻印象呢?

我们的鞋履顾问是鞋子专业人士。同时,他还是一名足部专家。鞋履顾问能够分析每个顾客的脚部并帮助他们解决问题。如果解决了困扰顾客很久的问题,鞋履顾问就可以给顾客留下深刻的印象。通过这种方式,您可以逐步增加店铺的粉丝数量,或者更确切地说是销售人员(也就是您)的粉丝数量,顾客会成为回头客。如果能够在"您"和"顾客"之间建立一种关系，顾客就会明白您的服务是独一无二的。如果开玩笑地使用 SNS 和顾客说：

"如果您印象深刻，请传播出去哦！"

"××里有一位伟大的鞋履顾问，名叫××！"

那么没有什么比经历这样的过程更令人高兴的了。选择鞋子是很多人纠结并可能最终放弃的事情。

销售人员不仅卖东西，还推销自己，这个非常重要。如果顾客对购物感到满意，他们可能会在购买鞋子的同时说"我很高兴见到您"。谦虚是日本人的特质，但为了在互联网时代生存下去，我们有时必须大胆，对自己的技能充满信心并向顾客发一条消息："请传播消息哦！"

◆ 如果您不观察您的顾客,您就无法接近他们

接近我们的客户并与他们共情。说起来容易,做起来却很难。首先,有些人可能会对如何接近刚认识的人感到困惑。如果您试图用表面善意的言语和行动来拉近关系,是行不通的。因为那是种让人们感到不自然和不熟悉的方式,人们会条件反射地拒绝。然而,顾客在店里的停留时间很短,在这么短的时间内您如何才能拉近与顾客的关系?

这里最重要的是观察能力。

从顾客走进店里的那一刻起,观察就开始了。但盯着顾客看是非常不礼貌的,所以要注意。在不让顾客产生被盯着看的感觉的前提下,观察顾客需要一些技巧,而这就需要训练。

当我还是销售员时,我会观察什么呢?

顾客的年龄、身高、脚的尺寸和服装偏好(趋势),快速观察一下这些特征。

当然,仅凭外表信息来判断购鞋需求可能会导致失败。

如果是一位年长的顾客走进来,您可能会认为她想要买舒

适鞋或徒步鞋,但她实际上想要买在派对上穿的浅口鞋。如果是一位穿牛仔裤的年轻女子,您就认为她是想买比较休闲时尚的鞋,但她实际上是来买工作面试时穿的鞋。

那我们该怎么办呢?首先,我们要找到针对那位顾客本身的话题。

如果对方穿着时髦的衣服,您可以真诚地说,"您的衣服很适合您",或者"您的眼镜颜色和您包的颜色很相配,看起来很漂亮"。如果顾客对穿着不合脚的鞋子感到非常不舒服,那就问一句:"是不是有什么地方痛?"作为一名鞋履顾问,最重要的是观察顾客走路的方式。顾客是否走起来很自然?或者感到不舒服?或者走起来有某种习惯?这些顾客的特征,都是需要观察的要点。

然而,我们会遇到许多不同类型的顾客。有些顾客也许根本没有买鞋的打算,只是随便逛逛消磨时间。有些顾客困扰于买不到合适的鞋,如果鞋履顾问过于热情地说:"我来为您解决难题!"让顾客产生"请一定购买!"的感觉,顾客可能会产生抵触情绪并离开。在这种情况下,观察是关键。当感觉进店的顾客没有特定目的时,不动声色地接近他,看看是否可以与他进行交谈。然后,通过说"请慢慢看"来让他安心。

那么"接近"客户到底意味着什么?

例如，如果顾客说他正在寻找参加聚会穿的鞋子，那么请您尝试获取尽可能多的有关聚会的信息。什么时候？场地在哪里？大概是几点？聚会的主题是什么？顾客打算穿什么样的衣服？在您的脑海中想象顾客站在聚会场所的样子，顾客无论以什么形象出现在那里，都会闪闪发光且更加美丽。如果可能的话，甚至可以考虑和他一起去选一套衣服进行搭配。

事实上，我在服务顾客过程中就遇到过这种情况。她告诉我她要去我工作的百货公司附近的一家豪华酒店参加婚礼。

"那家酒店的地毯很软，颜色是红色的，对吧？灯光是黄色的，所以金色鞋子会太扎眼，而红色的鞋子不会很显眼。"

如果顾客说"我要去旅行"，您首先问："您要去哪里？是在国内旅行还是去海外旅行啊？是去有海洋的地方还是有山的地方？是去南方还是北方？"只有这样不断问话，对话才能进行下去，才能从对方的角度出发了解对方的情况。也就是说从顾客的外表、态度、言语开始观察，采取行动您就能接近顾客。

如果我们能提供这样贴心的客户服务，我相信客户一定会很高兴。我们会有意想不到的发现，顾客也会感到我们理解了他。

想要接近顾客，就需要了解对方，客户服务也从这里开始。

◆ 待客时跪着"过分"了吗？

有人觉得"不擅长与顾客主动搭话""送客一直送到门口感觉没有必要"等。我卖鞋这么多年了，认为"跪着为顾客服务"是基本。

并不是因为我们卖的是高价商品，所以需要跪着为顾客服务。我们"跪下"是因为我们需要直接触摸顾客的脚并确认鞋子是否适合顾客的脚。

作为一名鞋履顾问，在测量顾客的脚时，我们不可避免地要触摸顾客的脚。即使同样是 23.5 厘米的脚长，足弓的高度、关节的位置、脚趾的长度、脚后跟的形状也都会不同。另外，还有的顾客脚怕冷、易出汗，有老茧、鸡眼等多种特征。这时我们可以解释说："如果您不穿与这些差异兼容的鞋子，可能会导致脚部问题。"让顾客知道为了选择更合脚的鞋子，他需要了解更多相关知识，并向顾客清楚地解释您触摸他脚的原因。

如果您这样做，顾客就会明白您的行为是有意义的，而不只是"愚蠢的礼貌"。鞋履顾问自豪地"跪下"，每天通过接触尽可能多的顾客的脚，可以积累自己的研究案例。

◆ 只说"适合您"的销售人员

您能相信一个无论您试穿什么都只说"它适合您"的销售人员吗?"太可爱了!""这很流行。""我也有。"……

这只会让顾客"烦恼",顾客也会马上识别出您那是教科书般的客户服务。

当我称赞顾客时,我总会确保加上一个原因"因为……"。另外,如果有正当理由,即使不推荐自家店的商品,我也一定会告诉顾客,"因为××,我不推荐"。不管是好是坏,如果加上"因为××"等理由,顾客就会相信您并认为"他是在认真观察我并考虑后才做的推荐"。

当然,这种处理方式需要一定的经验来支持。如果一个职业生涯短暂且年轻的销售人员,提供三心二意的客户服务,那对任何人都没有帮助。对于年轻的销售员,我希望他们首先做到的是对自己诚实。

对自己诚实意味着头脑清醒并用证据说话。

明确自己可以做什么和不能做什么。如果您决定要表达您的意见，就毫不犹豫地说"我是这么想的"。如果一切都指望客户自己决定，销售人员不表达自己的意见，就没有发展，也不会有成长。如果您提出一项建议但被拒绝，那么请考虑下一项，也就是要不停地思考。同时，在决定是否表达自己的想法时，请尊重对方的节奏。这样的重复就变成了训练。沟通是一场接球游戏，如果您不断地主动交换球，同时做出各种改变，双方就能够沟通彼此的感受并建立信任关系。在不知不觉中，您就能摆脱教科书般的客户服务。

无论顾客穿什么，都不要只是说"很合适"。顾客拿起某件商品的那一刻，不要说"这很棒，不是吗？"。如果每个销售员都说同样的话，顾客是不会想听取这样的销售员的购买建议的。

鞋子很重要，因为它可以保护我们的脚。在考虑时尚性之前，更重要的是商品是否适合顾客的脚型。人想变得时尚，都要先从了解自己开始。当顾客通过照镜子也无法确定时，优秀的销售人员就可以向顾客提供帮助。也就是说，优秀的销售人员同时也是优秀的造型师和顾问。

那么如何判断一个人是否是一名优秀的销售人员呢？很多人会认为年龄较大的销售人员一般会拥有更多经验吧。但情况并非总是如此。百货公司的销售人员可能穿着制服或便衣，他们的隶属关系也各不相同。即使卖场站立的总人数为 100 人，百货公司的正式员工也可能只有 20 人，其他人都是供货的鞋厂派来的。每个人都希望尽可能多地销售自己公司的产品，所以卖家容易只做方便自己的安排。

　　重要的是卖家能够克服各自的情况，为每位客户提供诚实的咨询服务，销售员无论年龄大小，都要拥有足够的知识。另外，您是否有时刻了解流行趋势和顾客喜好的意识？如果顾客能遇到这样的销售人员，那将是一次成功的购物体验。顾客会说"这双鞋不是在'××百货'买的，而是从××销售人员那里买的"，销售人员能做到让顾客如此信任的程度吗？

　　如果能买到一件真正好的东西并长期使用它，也许比使用完就丢弃的快时尚更合理、更便宜。我不否认快时尚（它实际上很方便），但我觉得更重要的是顾客能从店铺和自己信任的人那里购买到与健康直接相关的东西。要做到这一点，作为顾客的您就不要对销售人员有所顾忌，尽管去与销售人员搭话。如果与销售人员的谈话进行得很顺利，而且您似乎对鞋子也有了进一步的了解，那么就是有价值的。如果您遇到一位只会提供教科书般的客户服务的销售员，那么就说"我只是看看，谢谢"，然后离开就好。

◆ 打造"熟客",成为"专属客服"

您认为常客和老主顾已经过时了吗?但其实有很多"我总是在这里喝酒"和"我总是在这里买蔬菜"等情况,在网上购物的人也有"网购的常客"。

顾客成为常客是有原因的。比如:

· 商品种类丰富

· 质量好,价格实惠

· 反正就是很便宜

· 可以累积积分和优惠券

· 位于交通便利的地方

等等。以上任一原因之上,如果再加上"因为店员是××",那么不管是对于销售员还是店铺,或是消费者,都是十分有价值的收获。

"××推荐的绝对没问题""一定得是××推荐的"。谁都想成为被顾客这样信任的销售人员,这是推销商品就是推销自己的意义所在。

我们正在进入超老龄化社会，年长顾客一般会希望到特定的店铺购物。

"我想找到一家我可以信任的店铺（负责人）。"

"这个人比我更了解我。"

这就是对销售人员最大的赞美。聪明的顾客总会在意这些：

· 妥善保管并长期使用好的物品，比用不了多久就得扔掉的劣质物品更经济。

· 无论品牌多么有名，鞋子多么昂贵、多么时尚，不合脚的鞋子就是毫无价值的。

第二种不仅毫无价值，甚至可能有害健康。

如果成为被顾客赞美的销售人员就是理想，那么您怎样做才能实现理想呢？如何才能与常客建立信任关系呢？

无论是百货公司、路边小店，还是郊区的大型购物中心，每天都有很多顾客来来往往，您可能会想"我记不住每一个人"，这也是每一位顾客的台词"销售人员不可能记住每一个人"。然而，认为"这次经历很有趣，我想再次与他们交谈"或"我很高兴从那个人那里买了东西，我会再来"的顾客肯定会再次来店。

当然，并不是每次都能成功。

也可能存在"我买它是因为您说它好，但它不适合我的脚，太疼了！"之类的抱怨。然而，投诉也是一个机会。通过告诉我们的顾客他们的脚发生了变化，通过稍微调整他们的鞋子可以解决问题，通过倾听他们是什么情况导致了疼痛，并向他们展示如何正确穿着鞋子，我们为他们提供有价值信息的努力就会加深他们的信任。

事实上，成为我职业生涯转折点的就是一次投诉。

那是昭和五十八年（1983年），我当时成为鞋履销售员已经10年了。虽然自学鞋履销售10年了，但还是有对销售方法是否正确感到忧心忡忡的时候。那时候还没有鞋履顾问的说法。

一天，一位年长顾客来到卖场。她抱怨说，她从店里买了鞋，但是穿了没多久脚就起了水疱，疼得无法走路。

"很痛，穿不了，您给我换了吧！"

这位顾客态度很强硬。但是，店里的原则是，除非鞋子本身有缺陷，例如钉子突出或鞋带断裂，否则不接受退换。

脚上起水疱是鞋子不适合脚部而引起的问题。工作人员解释说，"您穿一段时间，就能习惯了"，但顾客不听，大声喊道:"派负责人来!"我赶忙跑了过来,我一看顾客的脚,脚后跟又红又肿,上面缠着绷带,还微微地渗血。

"如果您不介意的话,可以让我看看您的脚吗?"我检查了顾客的脚和鞋子的情况。

"拍一拍鞋后跟,让后跟变得柔和一些,脚不那么摩擦鞋子的话,应该就没问题了。新鞋的后跟很硬,适应需要时间。"

大多数顾客听到这都会信服,但这位顾客不同。

"您卖鞋多少年了?"

当我回答10年的时候,她用厌恶的眼神看着我。

"您觉得10年您就是老手了吗?您知道我穿鞋穿多久了吗?30多年了!"

我感觉到顾客不会满意任何进一步的讨论,所以我把鞋子收回了,顾客也知道鞋子本身没有缺陷。如果顾客在选择时,我们向其提供更详细的信息,我们也就不会有如此痛苦和不愉快的经历了。

我心中充满了遗憾。

销售眼镜时,眼镜店会为顾客进行详细的眼科检查。卖衣服的时候,销售员会量尺寸。那么鞋子呢?难道真的没有正确的卖鞋方法吗？我该问谁呢？

除了问自己，别无选择，只有靠自己学习和积累经验才能掌握正确的方法。

次年，我参加了"第一届鞋履顾问培训课程"。没想到，我成了日本第一位女性鞋履顾问。

◆ 成为一个拥有很多"抽屉"的销售员

我认为真正负责培训销售人员的是顾客。您认为您可以依靠顾客来完成培训吗？这是我回顾自己走过的路时的思考。我确实得到了很多前辈、上司的支持和教导，但我相信比任何人都更帮助我成长的是和我有直接关系的顾客。

"您想挑选什么商品呢？""需要我找出您的尺码吗？"

有些人整天重复这些话，就像咒语一样。如果这种情况继续下去，销售员将永远无法成长，店铺的鞋子也永远卖不出去。如果卖不出去，销售员的工作就会变得不那么有趣，而且会形成一个恶性循环。

那么我们怎样才能摆脱这个恶性循环呢？为此，请成为不是只会说"您想挑选什么商品呢？""需要我找出您的尺码吗？"的销售员。换句话说，就是努力成为一个会找话题、能提供很多信息的销售员。

当然，我并不是说您应该谈论与鞋子完全无关的事情。第一步是让您的顾客对您产生兴趣。

那位顾客在寻找什么样的鞋子？他有什么问题吗？首先做好对这些方面的观察吧！销售员每天都有机会与许多不同的人见面并交流。用心倾听顾客，勤于思考、学习，努力在自己的"抽屉"里积累经验。

不管是正在寻找参加聚会所穿的鞋子的人，还是那些寻找就业或考试所穿的鞋子的人，您自己的生活经历都可能对他们有所帮助。

如果您是一位对求职记忆犹新的年轻销售人员，那么这是您帮助这些顾客的机会。

您可以说"当我在找工作时……"，您的经验可能会对对方有所帮助。

有一次一位即将开始找工作的年轻女士和她的妈妈来到了我所在的店里。在大多数购物的母女组合中，母亲一般是主要负责说话的，但买新鞋的是那位年轻女士。这时，我在保持礼貌的前提下，尽可能多地与年轻女士交谈。

我听说她的目标是成为一家航空公司的空姐。母亲说："我想让我的孩子穿高跟鞋！"

不过，这位年轻女士似乎不太习惯穿高跟鞋。于是我试着问年轻女士的想法，她说：

"我从来没有穿过高跟鞋，但我想在求职考试时看起来高一些。"

我仔细量了这位年轻女士的脚，并为她推荐了鞋子。旁边的妈妈不耐烦地说："没关系，只要是高跟鞋就行！"但我解释说："对于不习惯穿 6 厘米以上高跟鞋的人来说，这是很困难的。"决定因素是这样的：

"我这个卖场有 150 名销售人员。我经常参加他们的工作面试。我认为会让面试官印象最深刻的是一个人的微笑。如果在重要的面试中您不能微笑，那就不好了。穿上从未穿过的 8 厘米高跟鞋，您能微笑起来吗？"

我的话非常有效。这位年轻女士的身高虽然刚好符合公司要求的身高，但她说："我还是希望能穿着高跟鞋去啊。"

母亲虽然听懂了我的话，但很失望。于是我又对那位年轻女士说："那么，您穿上这双鞋，我们一起去走走看吧。"

事实上，模特培训学校的一位老师曾经告诉我，"为了学懂鞋子相关知识，就必须穿着鞋子实际去尝试"。我用当时积累的经验，告诉了这位年轻女士穿高跟鞋走路的技巧，以及如何站得漂亮。

在和这位年轻女士一起走动时，我说："如果您有时间，我还很想让您学习一下如何美丽地走路。"

虽然这显然不是鞋店的服务,但我想让她看看,穿着高跟鞋优雅地走路并保持微笑是多么困难。

最终,本来想要买 8 厘米高跟鞋的母女还是先买了 6 厘米的高跟鞋。

"等您的身体习惯了穿高跟鞋走路,下次再买 8 厘米的高跟鞋吧。我希望您能自信、微笑地应对面试。"

我一边衷心地说着这句话,一边将鞋子交给顾客。

几天后,两人再次出现。那时的小姐姐穿着高跟鞋,走起路来那么漂亮!当我向她们询问时,小姐姐说:"一家航空公司接受了我。今天我想买一双稍微高一点的 7 厘米的高跟鞋。"

让我们把越来越多的经验值放进"抽屉"里。"抽屉"里的"库存"不会有任何浪费,某一天肯定能派上用场。

◆ 如何打败网上购物？

在前文中，我提到人们会在店铺确认尺寸，然后在网上购买。

卖场刚入职不久的同事们会咬着嘴唇说："我真的很失望……"因为他们不厌其烦地有礼貌地为顾客服务、提供建议，并花时间为顾客选择最合适的鞋子。但到头来顾客只是说一句"非常感谢，我会在网上购买"。其实，此时我们没有必要感到不知所措或失望。

我解释说，我们应该以提供网上购物或机器人所无法完成的客户服务为目标。为了实现这一目标，我们应该成为一名与顾客共情并利用自己的专业知识来帮助他们的销售人员。然而，真正成为这样的人是需要时间的。那么我们该怎么做呢？

现在的卖场与我当初刚成为销售员时的卖场不同了。那么让我来告诉您，今天的销售员需要在卖场做出什么样的努力。

要让顾客愿意买您的。如果有顾客说"我在网上买"，您只需微笑着说:"如果您在网上买的鞋子不合脚,就把它们带来店里给我看看吧。"

因为对于在网上购买的商品,商家一般不会提供周到的售后服务。

所以当您对顾客这样说时,他们会感到惊讶。他们会想"他们店对所出售的鞋的售后情况怎么样不得而知,但对于我从网上购买的鞋都能这么周到的话……"。我们就是需要让顾客看到我们诚挚的态度和宽广的胸怀。但如果顾客真的把从网上买的鞋子拿来店里怎么办?作为一名鞋履顾问和鞋子专业人士,您的建议是否有效到时候就可以见分晓。

而如果顾客购买了您推荐的鞋子,但不合脚,那么是哪里出了问题?其实销售员推荐过别的鞋子,但最后顾客还是买了他自己喜欢的那双,结果鞋子不合适。对于这样的情况,就要视具体情况而定。如果销售员通过检查鞋子并认为通过一些调整可以使其变得更舒适,则可以这样建议顾客。

如此一来,顾客可能会想,"我也许可以在这家店铺从这个人那里买到更好的东西"。

或者认为,"这个销售员对鞋子有很多了解,可能能推荐一些比我在网上看到的更有趣的东西"。

相反,当顾客说完"我在网上购买"后,销售员什么都没有做的话，就只会感到做了无用功。所以要抓住可以和顾客建立连接的机会。因为这些机会最终会带来销量，增强销售人员的信心，并增加销售员"抽屉"里的库存。

◆ 如何与比自己年长的顾客互动？

日本正在从老龄化社会向超老龄化社会转变。如今，年轻人的消费行为碎片化，让人难以捉摸。从人口年龄结构来看，老年人口占绝大多数。从年轻的销售人员的角度来看，这意味着他们必须接近比与父母年龄差距还大的顾客。年龄差异也被称为代沟，无论您如何努力，代际差异都无法弥合。对于第一次见到的人有时候都不知道对方在想什么，更何况和比您年长得多的顾客打交道。

我在池袋西武百货工作多年。也许是地理位置的原因，我所在卖场长期以来一直有大量年长的妇女到访。

虽然年纪大了，但每一个想去百货公司买鞋的人都是喜欢时尚的。我认为即使年纪大了也不放弃时尚的人，是在交谈时有一定回旋余地的人。通常，此类顾客会寻找可以与之交谈的销售员。

但我并不是说您应该忽视您的工作成为一个与顾客侃侃而谈的伙伴，而是说您可以在谈话中了解对方的需求。对于本来擅长交谈的人来说,毫无疑问,与喜欢说话的老年人会很容易找到话题。

但即使有交谈的意愿,如果双方东拉西扯地你一句我一句的,谈话就没有意义。所以销售员首先要做的是观察顾客的外表(服装、鞋子、走路方式等),询问顾客外出时穿什么样的衣服、去哪里,最喜欢的衣服颜色是什么,是什么样式的。建议顾客:"如果是这样的话,这样的鞋比较好吧?"并鼓励顾客:"祝您漂漂亮亮地出门!"

如果顾客驾车外出,她可能穿鞋跟稍高的鞋子也可以。

销售员一定要确认好顾客想买什么用途的鞋子。老年人的肌肉能力下降,就像孩子一样,很容易跌倒或被绊倒。是逛街还是旅游?看戏、出去吃饭、欣赏艺术……老年人外出的理由多种多样。我们需要推荐适合相应场合的鞋子。

例如,如果顾客想买旅行时穿的鞋,那么仅说"好吧,那走路舒适的鞋子比较好"是不够的。旅行时顾客会去哪里?是国内还是国外?或者是去山地徒步旅行?我曾经向一位准备和朋友一起去京都短途旅行的顾客推荐过鞋子。系带鞋经常被推荐给老年人(因为可以通过调整鞋带让鞋子适合当下的脚型),但我当时并没有推荐系带鞋。原因是目的地是京都的旅馆、日本料理店、寺庙、神社……您可以想象，在这些场合需要脱很多次鞋和穿很多次鞋。每次松开和系紧鞋带，都得让朋友等待，从而给朋友造成不必要的困扰。

还有一件事引起我的注意，它不仅限于老年人，那就是不要使用与顾客身体有关的词语。例如，即使顾客自己使用"拇囊炎"一词，我也绝不会说"您的脚有拇囊炎"。我们应该从顾客的角度思考"当顾客穿鞋时，压力会施加到大脚趾骨上，所以骨骼的形状随着时间的推移而发生了变化吧"。许多老年人会说"我胖了……"或"我已经老了"之类的话。对于这些话，正确答案是我们听听就行。顾客这么说是因为比较在意别人的眼光，所以我们绝对不可以应和道"是啊"。

但当顾客咨询时尚建议时，我会尝试在回答中发挥创意。

顾客希望自己看起来很时尚。然而，时尚的鞋子有时也会带来身体上的疼痛。您需要让顾客了解相应的优点和缺点。

"您今天的衣服是天鹅绒的，所以和这种麂皮材质的鞋子很相配，但高跟鞋太高了，这样不合理，会给脚带来压力。材质和衣服虽然有点不一样，但是从舒适度上来说，我觉得低跟的比较好；如果您要去和朋友吃饭，可能必须在那里坐两个小时，脚容易浮肿，所以鞋跟低一点的可能更安全。但是，如果是女性聚会，您可能需要讲究时尚，而想要鞋跟高一点的……"

销售员可以交替解释优点和缺点，向顾客提供考虑的机会，并让顾客自己决定。销售员要努力做到的是帮助客户消除疑虑。

销售员可以通过建议顾客"要不然您再穿上它试试"等举动来消除顾客的疑虑。

"您照镜子看看，如果穿低跟鞋，您的表情会显得很自然。如果穿高跟鞋，就会显得有点不自然。您觉得哪一款更好呢？"

最终必须由顾客来决定。销售员只是告诉顾客自己所看到的。

顾客权衡后可能会说："即使显得不自然，我也想选择时尚一点的款式。我宁愿忍受不舒服的感觉两个小时，也要让自己看起来更时尚。"

"如果是这样的话，您穿高跟鞋走楼梯时一定要小心哦。"以此消除顾客的疑虑，并表示对顾客的支持。

这样顾客就会放心购买，并对自己的选择感到高兴。这是销售人员的最终目标之一。

然而，对于年轻、缺乏经验的销售人员来说，这种处理方式是他们很难做到的。即使一个没有丰富生活经验的年轻人做到像我这样的处理方式，有时也会显得傲慢，而且不太符合年轻人的行事作风。我希望年轻人在尊重自己个性的同时，以自己的方式接待年长顾客。

比如，您可以想象顾客是您的母亲的话您怎么办？是祖母的话您怎么办？您希望她们穿什么样的鞋？您希望她们如何享受时尚？

请像照顾母亲或祖母的脚一样去确认顾客的脚。目的是让顾客享受走路的乐趣，不让鞋子对身体产生任何负面影响，让顾客的生活和外出都变得更加愉快。

很多年长的顾客也期待与年轻人交谈。

"现在流行什么东西啊？"

一个人越是好奇，他就越比实际年龄看起来年轻。虽然您拥有专业知识，但与您打交道的人也是您生命中一位伟大的前辈。千万不要拿出"是我教给您的"的态度，就好像您想炫耀您的知识一样。在您告诉顾客他们所不知道的事情之前，先观察顾客的情况，从他们那里汲取信息，接近他们，最后再运用您的知识。如果您真诚地对待顾客，我相信顾客会感受到您的心意并非常高兴。

> 专栏

重新认识到脚部重要性的顾客

即使现在,仍有一些失败的经历让我一想起就感到尴尬。然而,正是失败的经历才使我的心态发生了重大改变。

那是我服务一位顾客时发生的事。那位顾客是如此美丽,连我这个女人都忍不住羡慕她。该顾客身高约170厘米,身材修长,面容姣好,皮肤白皙,脸颊微微透着红。她是一个会让所有人都羡慕的美人。

她和母亲一起来到店里,要求咨询鞋履顾问。

按理说,我应该更注意顾客的脚,但我被她的美貌震惊了,一直盯着她的脸。一位慈祥的母亲和一位优雅美丽的小姐姐,两个人甚至让我有点嫉妒。

由于都是女性,所以母女一同购物的情况并不少见。她们也会有"不是那样的"之类的争论。看到她们一边聊天一边购物的情形让人感觉很温馨。然而,母女购物时,咨询销售员的时间会很长,所以销售员服务客户需要较长时间。说实话,那天我带着那对母女去测量台的时候心里就在想"服务她们肯定要花很长时间"。但当母亲伸手帮忙并引导她的女儿时，我才意识到这次购物对于这对母女有多重要。

看到小姐姐脱鞋量脚的时候，我的脸就像被打了一记耳光。她有一双美丽且修长的腿。但双脚的脚趾都向脚底方向微微卷曲。

"经过多次手术和康复训练，我女儿终于能够走路了。"妈妈高兴地说。

"到现在为止，她一直只穿便于康复训练设计的鞋，所以今天我想让她穿一次女孩子穿的鞋……"

我能体会到那位妈妈是多么高兴啊！她想找一家有鞋履顾问的店，才来到我们这儿。

如果有一个洞，我都想钻进去。我竟然还自称是一名销售专业人士，并被媒体报道为日本第一位女性鞋履顾问，我对自己的行为感到非常懊恼，因为这些身份和荣誉让我产生了飘飘然的感觉。

不管是什么样的顾客，我本应该重视的都是顾客的脚。

于是，我怀着真诚的悔恨，仔细地、真诚地为那位小姐姐测量了脚。并在和顾客商量后，对她选择的鞋子进行了一些调整，以使其更加舒适。最后花了大约两个小时，顾客购买了一双由软皮革制成的红色浅口鞋。

那位顾客后来大约每年都来店里一次。有一次，我收到一封来自她的信，上面写着："非常感谢您的帮助，我找到了一份工作。请您收下这块手帕。"

我的工作是一份可以对顾客说"谢谢您的信赖"的工作。我通过这次美好的回忆，意识到这是一个多么幸福的职业。虽然我没有做到完美，但也赢得了顾客的信任。您是否有这种感觉，决定了您是否会喜欢上销售工作。

我相信来自顾客的一句"谢谢"是所有想成长为销售专业人士的人的动力。

第 2 章

打造卖场很有趣
——如何识别一家好店

什么是好店？这取决于店铺的类型。不管是一家支持您日常膳食的超市，还是您可以享受奢华时光的高级餐厅，或是摆满由店主精心挑选的商品的精品店，每种店铺的"好店"指标都会有所不同，当然这也取决于对店铺进行评估的人。就像我们身边既有拥有大量可支配收入的人，也有一日元都要节省的人，还有一边工作一边抚养孩子的人，大家族、单身人士等，每个人的情况都有所不同。

在上一章中，我谈到了应该从"优秀的销售人员"那里购买鞋子。如果像从自动售货机购买东西一样买鞋子，您永远也买不到适合您脚的鞋子，鞋子和脚相关的问题也永远得不到解决。但是确实有很多消费者像从自动售货机购买东西一样买鞋子。

那么，到底什么样的店会让顾客产生买鞋的欲望？如何打造一家让顾客愿意咨询和再次光临的店铺？顾客又怎样才能找到这样的店呢？

在本章中，我们将讨论如何建立这样一个店。

◆ 您想进什么样的店购物？

"噢，看起来不错。我想进去看看。"

什么样的店会让您产生这样的想法呢？什么样的店面才能吸引人呢？首先映入顾客眼帘的是店铺橱窗。从装饰品和排列的鞋子可以看出店铺的个性和商品的种类。然后顾客会注意到从店铺外面瞥见的店内的样子。

不仅仅是鞋店，您是否愿意走进一家从外面完全看不到店里是什么样子的店铺呢？"我不知道他们在卖什么，可能是一家与我完全无关的店铺……"正常情况下，没有人愿意踏足这样的地方吧。

当然，也有一些店铺以神秘感为主题，比如有些餐厅、酒吧等。然而，如果是一家销售人们每天使用的物品的店铺，神秘感会产生相反的效果。

店铺就像人一样，您感觉和它容易"搭话"吗？它看起来是友善的还是可怕的？从外面看起来店内的气氛好吗？

看起来是适合您进去逛的店铺吗？那么，怎样才能打造一个让顾客容易进入的店铺呢？

首先，必须做好打扫卫生的工作。销售人员面带笑容地勤奋工作也很重要。

然后，想想看，您认为什么是理所当然的？对于您所认为的常识，是不是也有人产生"怀疑"的情况。

有的餐馆卫生条件不是很好，看起来脏兮兮的，但味道很棒，氛围也很好。

想象一下，无论多么干净明亮，您愿意走进一家空荡荡的餐厅吗？

您是否愿意在一家店员懒洋洋地聊天、顾客走进来时甚至不说"欢迎"的店铺里购物呢？所以，重要的是积累理所当然的常识，也就是作为一个好店，应该具备什么样的特质常识。这是打造好店、识别好店的第一步。

在这个前提下，如果您找到一家好的店铺，就请进店铺观察一下，不要试图在入口处看一看就转身离开。

"店铺内的陈设方便查看商品和购物吗？商品容易拿取吗？店铺整体感觉有品位吗？通道上是否有任何物体或障碍物？脚下的空间是否凌乱，鞋子随意排列？店内是否有清晰的指示以便于顾客在店铺内走动？"

当您试图卖东西时，至少需要考虑这么多。

设身处地为顾客着想,从顾客的角度环顾店铺,您发现什么负面的关键点了吗?

在我工作的百货公司,二楼的一部分为鞋卖场,分为年轻、职业、进口、舒适四大板块。主通道位于卖场中部,可以悠闲地散步浏览卖场。下了自动扶梯后直走的话,就能看到年轻鞋履区,继续走会分别看到职业、进口鞋履区,然后经过舒适鞋履区,又能返回到年轻鞋履区。

当然,并不是所有来我们店的人都会走这条路。顾客分为有时间的人和没有时间的人,有明确目的的人或没有目的的人,尽管情况可能有所不同,但我们希望顾客能多花点时间体验我们的商品。为此,我们下了很多功夫。

·展示

我们希望顾客停下来而不是路过。为此我们设计了展示方式以吸引顾客注意力并促使他们拿起鞋子。这就是展示的技术。

入口周围和主通道的陈列尤为重要,也是店铺最引人关注的区域。

接下来重要的是货架上段的展示。在视野好的地方,人们的视线往往会看得更高。如果在高处有华丽的东西,人们的眼球会容易被吸引过去。因此,店铺可以在这里装饰当季最想突出展示的商品。

今年的流行色是什么？是什么样式的？如果您想重点推广什么，就可以利用好这个空间进行展示。但是要做好心理准备，尽管它们很华丽，也不一定能很快售出。比如，使用华丽的粉红色，闪闪发光、奢华的装饰……虽然不太受大众欢迎，但因为是具有强烈冲击力、光是看着就让人兴奋的商品，所以会让顾客觉得"这样的店铺里肯定有一些有趣的东西"。

人们的视线一般是从上向下移动。所以，您可以用华丽的鞋子吸引人们的眼睛，而把真正销量较好的商品放在下面的货架上。当然，展示的商品要具有相似的风格或设计趋势，否则这样的展示是没有意义的。

我们用漂亮的鞋子来活跃顾客的心情，然后推荐顾客实际使用性较强的商品。

"鞋子看起来不错。我想试一下。"

这其实是旨在让人们如此思考的舞台制作。

·鞋子的摆放方法

鞋子在货架上的排列方式因店铺而异。在我所在的百货公司，一切都以传统的方式进行，鞋子都是鞋头朝前放，每个架子上有固定数量的六到七双。

当一双鞋子的设计同时具有三种不同的颜色时，三双鞋会被排列为一组。有些鞋即使从正面看设计很朴素，但在脚后跟或鞋跟处有精致的设计。在这种情况下，您可以故意将其后跟朝前放置，以强调精致的脚后跟部分。商品越独特，您就越需要在短时间内给人留下深刻的印象，所以，如果它是设计师产品，您就最好以独特的方式布置它。

无论什么设计，都要注意不要露出鞋子的"肚皮"。尤其是浅口鞋，出于其设计原因，足弓处通常有接缝，请尽量不要将其露出来。

·独特的日本鞋店

我曾在一家百货公司进行大规模改造时担任设计负责人。我千里迢迢来到美国西雅图的一家设计办公室，拼命想把自己希望实现的形象传达给一位美国设计师。

当时我脑海里最理想的是有一个像酒店大堂一样的鞋履部门。

我希望打造一个可以让顾客以更轻松、更平静的方式选择鞋子的理想卖场。出于这个原因，我以豪华酒店大堂为参考，选择了符合此形象的灯具、固定装置、椅子等，以打造安静的氛围，营造舒适但奢华的感觉。

但是，美国设计师很难理解我的想法。这是日本和美国之间的卖场、店铺设计的差异造成的。

例如，付款柜台。

大多数美国人使用信用卡付款，因此不需要柜台。这种趋势正在日本增长，但我知道的地方，很多人都还是在用现金付款，在繁忙的时间，收银台前会排起长队。所以无论我如何解释，美国人都无法理解，他们说"那不可能是真的"。

镜子也是如此。在日本，因为有小孩子会在卖场跑来跑去，很危险，所以镜子一般会被固定在墙上。

但在美国，孩子们一开始就不会在百货公司里乱跑。设计师建议在低处放置很多镜子，这样顾客可以更好地看到镜子里鞋穿在脚上的样子。

鞋拔也是如此。在日本，很多顾客都会亲自试鞋并用到鞋拔，所以到处都需要设立鞋拔架。然而，在美国的高档鞋店，一般由工作人员要求顾客试鞋时使用鞋拔，所以他们也不明白这一点。

但是，此次设计是为日本客户进行的，另外考虑到有文化差异，我竭尽全力向他们进行了解释。

·来到女鞋部的顾客全都是女性

我也是女人。如果您是销售女鞋的员工，那么理解女性的观点、价值观和情感是很重要的；如果您是销售男鞋的员工，那么理解男性的观点、价值观和情感是很重要的。例如，在装修店面时，我会重点关注椅子的舒适度和高级感。

如果店是一个"舒适的地方"，即使人多需要等待，顾客也可以感觉很放松。事实上，我们的老顾客有的甚至表示，坐在这张椅子上感觉很放松，并说"我等等也可以，您先去服务其他人吧"。

我们还特别注意椅子的高度。如果太高，会伤到顾客的背部。如果太软以至于让人陷进去，穿迷您裙的顾客就会感觉不舒服。椅子最佳的高度是当顾客自然坐下时，膝盖大概成90度的弯度。有些顾客会在百货公司的食品区购物后顺便来鞋卖场看一下。椅子如果是由合成皮革制成的，那么即使顾客将物品放在上面，有液体倾倒在上面时，也可以轻松清理干净。

·我们还特意改变了地板材料

地板是营造空间奢华感的重要元素。卖场的地板上基本都会铺有地毯。在销售优质进口鞋的角落里，部分地板会被做成圆形大理石舞台的样子。在试穿高跟鞋后，顾客会需要从地毯走到大理石区域，这时您需要考虑顾客穿着高跟鞋走路时，有可能被地毯绊倒吗？细高跟会沾上地毯的绒毛吗？行走在光滑的大理石上,顾客会打滑或摇晃吗?等等。

以上,我列举了各种例子并做了说明。这些是我在百货公司工作时的经历,不是销售人员能单独做到的,因为有些项目涉及大量预算,例如地板和固定装置。

然而,打造店铺时最重要的其实是每个销售人员都能做到的事情。

那就是"氛围"和"活力"。

您想进入一个空气停滞的地方吗?停滞的气氛会剥夺人们的活力。

一个好的卖场是一个有活力的空间,无论是拥挤还是空旷。

当然,再热闹也不是水产店。水产店一般都很拥挤,也很忙碌,但和鞋店的热闹、忙碌是两回事。

人气高、气氛好的店铺总能让人感觉似乎有一股清新的空气。而且,员工之间关系看起来很好的店铺,也会是一家方便顾客进入和咨询的店铺。

◆ 如何决定采购和商品构成？

店铺的设计不仅取决于空间的氛围和室内设计，更重要的是您卖什么，也就是商品本身。

无论您创造的空间多么舒适，如果您的商品没有吸引力，顾客就不会涌向您。

我还在百货公司工作时，会直接与买手交谈，"我想自己选择我要卖的东西"，然后我会陪他们去采购。我们会在每年举办两到四次的合作伙伴展会上了解流行趋势，然后采购产品。但是趋势如果不适合您的客户群，那么世界上再流行的东西也没有意义。

顾客也具有时尚意识并很想了解它们，我们要掌握好客户需求和社会趋势之间的平衡。采购既有趣又费力，每次我都感觉到自己在成长。毕竟您是卖您所采购来的产品的人，所以您的责任很重大。

我还曾被派往海外采购。

例如，我订购了50种产品，其中30种产品是较热销的产品，10种是依据我自己的喜好采购的，剩下的10种是与自己喜好正好相反的产品。

正如我在打造店铺部分所写的，至少要采购几双鞋单纯用来"炫耀"而不是出售，而且都得是非常时尚的鞋子，一般人不会买。很难说它是功能性的，虽然价格较高，但在日本其他地方是绝对买不到的。除非您住在欧洲或美国，否则您可能在任何地方都找不到穿戴它的人，但当您把它放在店铺里时，它会立即照亮周围的区域。它的华丽会让顾客觉得"这家店的选品真特别啊！"。

这样的鞋子就有一种吸引人的气场。那个气场召唤着人们，会带动其他商品的销售。我采购的时候本来以为它们卖不出去，所以当看到它们的销量时，我非常高兴。这种鞋并不是每个人都可以穿的单品，所以我很高兴我们的商品引起了那些有强烈时尚意识并愿意尝试它的顾客的注意。

我之所以采购与自己喜好完全相反的鞋子，是因为如果只凭自己的喜好来选择，卖场会很无聊。它虽然不适合我，但我确信还有很多顾客的品位与我不同。另外，通过展示不同氛围的鞋子，店面会变得更加多元化。

这可能是百货公司独有的想法。如果是街上的精品店或者私人鞋店，顾客，尤其是熟客，会因为喜欢这家店的选品而光顾，所以最好还是出售相同趋势的商品。百货公司本质上是公共服务设施，所以需要满足顾客的各种需求。如果平时只穿黑鞋的人想尝试红鞋，我们就需要有一个商品阵容来满足这种需求。

各家店的采购方法都有所不同。销售工作是有生命的事情。它随着时间的流动和环境而变化。但是我认为商品销售方式，或者更确切地说，人们购买商品背后的心理，其实不会发生太大变化。销售工作会受到经济情况的影响，但即便如此，"我想买这种东西，我可以卖这种东西"的理论在任何特定时间都会存在。

我在百货公司工作的那个时代，情况就是这样的。虽然现在的工作环境可能变了，但思维方式还是一样的。

讲究采购还是有很多好处的。毕竟，我们销售人员才是最了解客户需求的人，通过自己采购产品，您工作时会更有动力，也会有更大的责任感。您采购的是自己喜欢的产品，所以您肯定想卖掉它并希望它让您的顾客满意。

◆ 如何理解趋势？

鞋子是人们每天都穿的东西，它的作用是保护脚。从这个意义上来说，功能性很重要。但同时，它也是一种时尚单品，不能与当下的流行趋势脱节。

如果您是一位注重时尚的年轻女性，您可能会查看每个季节（春夏和秋冬）的最新鞋履流行趋势。在圣诞节期间，杂志和百货公司也会大力推荐当季流行的包包和鞋子。

百货公司的货品齐全，它与精选店铺不同，您可以在百货公司买到您所需要的一切。然而，每家百货公司都有自己的个性。尽管今年的流行有大体趋势，但 A 百货和 B 百货会有不同的解读，各百货公司的情况会根据不同的目标顾客年龄层和履历（是职业女性？是单身人士？是妈妈群？是年长人群？）有所不同。

实用且流行的鞋子，这当然是"极好的"，但如果您只销售这样的鞋子，您的店面最终会显得很无聊。

另外，运动鞋也很重要，人们一般会为在风和日丽的天气时外出而准备一双舒适的鞋子。而职业女性如果计划在回家的路上约会或参加聚会，她们会想穿时尚的鞋子。

那么，如何拥有这样的时尚感、及时获取潮流信息呢？

在百货公司工作时，我总是会查看每月的时尚杂志。而且我不会只看我感兴趣的杂志。我会在去经常光顾的发廊时，要求他们向我展示各种类型的时尚杂志。时尚杂志有各种类型的，面向茶话会的、职业女性的、已婚妇女的、20多岁女性的、30多岁女性的等。最近的时尚潮流已经变得如此细分化，以至于不可能跟上它们。与过去不同，现在已经没有哪种大趋势会占据整个城市。另一大特点是现在的时尚与日常生活之间的距离缩短了。那么是不是可以说休闲装和正式装的距离缩短了呢？

一个热议的话题就是婚礼。说到婚纱，新娘们都梦想穿着它们的样子，所以会选择特定的一件。但是，像以前那样穿着数十万日元，甚至100万日元礼服的新娘越来越少了。当然，还是有人愿意购买定制款婚纱。而有些人即使经济富裕，也不会买泡沫经济时期才流行的那种高价婚纱。

这是为什么呢？

"我不想花那么多钱买只穿一天，甚至几个小时的东西。"

这就是原因。这并不意味着她们小气。她们的想法是，她们宁愿把钱花在蜜月、家具和即将到来的新生活上，也不愿花在只在短时间内穿着的衣服上。换句话说，就是消费者的价值观变了。

那么鞋子呢？

我很抱歉再重复一遍，鞋子会影响一个人的健康。特别是它是您每天都穿的东西。我建议您鞋柜中放的日常穿的鞋子都选高品质的。

当然，我不否认您在特别的日子穿的鞋子得是一双特别的鞋子，而且它们越奢华或精致，您就越能感到兴奋。我希望与为特别的日子选鞋子一样，认真选择您的日常鞋子。只有拥有健康的双脚，您才能变得时尚。

也许是反映了这些价值观，最近出现了很多被称为"生活方式店铺"的店。这是一种既卖衣服又卖生活用品的店铺。

从这个意义上来说，与西武百货公司一样，西武 Seizon 集团旗下的"MUJI"可能是这种店铺的鼻祖。"MUJI"开发和销售简单、高度通用且功能强大的无品牌标志的产品。这个概念已被世界各地所接受，而且它已经成长为一个伟大的品牌。

那么，我们如何才能跟上这样的时代趋势呢？当然，正如我之前所写，杂志是一个线索。然而，今天的人们并不相信杂志上的所有信息。这是因为消费者可以看到的信息是由市场方"设置"的。世界各地的杂志都在拼命创造潮流。

我认为比杂志更可靠的趋势信息来源，是"聚集的人们"。虽然我不再每天站在卖场工作，但每当我走出家门时，我会注意路人的时尚，尤其是他们的脚。而且我时常忍不住会去以前工作过的地方看看。实际上，在电车、电影院、健身房等任何人们聚集的地方都充满了丰富的时尚信息。

在车站和电车里，一天中的不同时间聚集着不同的人。健身房更是独一无二的空间，有瑜伽、有氧运动等各种课程，来到这里的人也会根据一天中的时间而变化，值得注意的是，他们在运动时，和在换衣间换上储物柜里的衣服并离开时的外表有所不同。

事实上，直到几年前，我一直没能和邻居熟悉起来。我一直早出晚归地上班，且注意力都在工作上，没把谁住在隔壁的事情放在心上。大约从两年前开始，我参加了目标人群在65岁以上的有氧健身操的课程。这很有趣！在那之前，我只和商业伙伴、朋友和家人，以及年轻的销售人员来往，但现在我会和很多同龄女性来往。我认真观察了她们正在进行什么样的对话，会穿什么样的衣服，会戴什么物品，会穿什么鞋子。

抛开年龄不同的事实，我对于 65 岁以上的人能和 20 多岁的年轻人聚集在一起这件事，觉得很感动。而且，从外人的角度来看，我也是其中一员，所以觉得很开心。

我们生活的环境中有很多不同的人，有像我一样一直在工作的人，也有全职家庭主妇。即使是同龄的女性，她们的社交技能和生活也都不同。当然，来店购物的顾客也是多种多样的。

到您店铺的多数顾客是什么样的呢？如果店铺靠近住宅区，并且顾客会在日常购物时路过，那么顾客多数可能会穿休闲服装。如果是像我工作的、位于电车终点站附近的百货公司，那么顾客多是在上下班途中经过的，或者盛装外出的人。

去健身房时，我也看到了人们不同的一面。

如果您尝试在与平常不同的时段乘坐电车，您会观察到那些与您平常看到的人不同的人。如果您去人们聚集的地方获取信息，就能很容易理解他们和流行趋势了。所以最好的信息来源是大众。

◆ 如何利用收集到的信息？

如果您在百货公司工作，店内当然有很多信息。流行的服装、流行的包、流行的围巾、流行的外套，都是哪些？您要留意店铺里的陈列，然后观察来店的顾客。他们和您在车站、电车和电影院看到的人一样吗？或者有什么不一样吗？

另外，与服装配饰的买手、销售人员的信息交流和人际关系也很重要。这样您可以了解什么样的包儿受欢迎，它是什么颜色、材料、设计。

现在的年轻人可能很难相信，穆勒鞋原本是不适合在婚礼上搭配礼服穿的。穆勒鞋其实是附有鞋跟的拖鞋。换句话说，它们是"室内鞋"。以前我认为在宴会等正式场合穿这样的鞋不太合适。但如果优先考虑时尚性，穆勒鞋或凉鞋搭配袜子其实也是可以的。

另外，现在也有丝袜配凉鞋和穆勒鞋的情况，以前这样的搭配会让人觉得很奇怪（毕竟穆勒鞋其实属于室内鞋，而凉鞋本来是要赤脚穿的），不过现在在时尚界，确实有这种搭配法。毕竟高跟的凉鞋只有搭配丝袜穿，脚才不容易打滑。

当谈到露脚趾的凉鞋和浅口鞋时，脚趾处的设计是一个问题。普通丝袜在脚趾区域采用了不同的编织方法以进行加固，所以脚趾区域看起来颜色会更深。但如果丝袜搭配露脚趾的凉鞋，那么选择脚趾处采用和丝袜整体同样编织方式的丝袜会更时尚。

"请穿防滑丝袜。"

"如果您穿的长筒袜的脚趾处也是透肤的，您看起来会更时尚。"

您要能给到顾客这样细致具体的建议。

◆ 工作场所的人际关系影响着卖场

什么样的店让顾客感觉容易进入？我认为是销售人员工作勤奋、店里人际关系不错的店。接下来我们详细讨论一下。

您现在可能知道了，我喜欢鞋子。我逛街从来不会错过鞋卖场，即使我现在已经退休了，我仍然会去以前工作过的卖场和其他百货公司逛逛。

有时，当我走进一家店时，我会想，"哦，这家店似乎生意不错"，或者"这家店看起来生意不太好"。我认为生意看起来好坏取决于销售人员营造的氛围。

正如我在上一章中所写，销售人员的隶属关系各不相同，尤其是在百货公司，正式员工只占全体员工的20%。其余大部分是由与我们合作的供货的鞋厂派来的。即使同是鞋类部门，也有多个品牌，销售人员实际上也是竞争对手。谁都想要推销自己的产品，但这与顾客无关。不管销售人员是来自A公司还是B公司，也不管这个人在完成配额方面是否有困难，顾客都不会知道。即使您是全职员工，无论您是小组长还是课长,在顾客看来,您的工作就是排除困难。从顾客的角度来看,我们都是"××百货公司的销售人员"。我们不仅没有必要让顾客了解销售人员之间的差异,更不应该让他们知道这个差异存在。

如果销售人员之间以良好的方式共同努力,那就很好。

然而,无论多么高档的店铺,如果店铺员工浪费工作时间,或者气氛乌烟瘴气,那也不能称为舒适的店。最终,会导致店内整体气氛恶化,销售额下降。不会给任何人带来幸福感。

卖场的管理者需要巧妙地将这些"不同情况的员工"聚集在一起并领导他们,使他们共同实现崇高的目标。这是卖场管理者的职责,也是每个百货公司员工的职责。

过去,百货公司普遍使用收银系统。现在仍有很多百货公司在使用收银系统,它是一种将服务顾客的员工和收银员分开的方式。您是否有过这样的经历:在百货公司购物,当您决定购买商品后,您将商品和现金(或卡)交给工作人员,并由他们代替您去付款?工作人员负责保管顾客的商品和资金,前往收银台,让收银员输入信息,完成交易。在此期间,顾客可以在卖场休息区等待。

这时收银员的存在感就很小了,顾客在卖场等候,销售人员带着包装好的商品、收据、零钱或卡片返回。

但如果很少与顾客直接接触的收银员很刻薄怎么办？事实上，我以前在卖场看到过刻薄收银员的销售区销售额下降的情况。我会听到由供货的鞋厂派来的销售人员抱怨"我不想去那个人所在的收银台……"。毕竟人类都是有情绪的，在这种高压环境下工作，会消耗精力，也会影响销售。

由于我当时是负责整个卖场的，所以我严厉地警告了那位收银员。"我不知道发生了什么，但我的工作与正在购物的顾客无关。需要尽力确保所有与顾客互动的工作人员都能舒适地工作的是销售员们吧。您教训我做什么？"

一定要在必要的时候发声，这是我在多年工作中一直牢记的。

对于派遣员工，也要像要求正式员工一样要求他们。如果派遣员工只努力卖其公司的产品，您就不会安心。换一种思维方式就可以让工作产生很大的不同。

不管是哪家公司制造的产品，都要掌握相关信息，这样如果有一位适合穿着该产品的顾客前来，您就能充满信心地做推荐。即使是竞争对手公司的产品畅销，我们也要像面对自己的产品畅销一样感到高兴。您所要做的就是告诉那家公司的销售人员："今天我把这件商品销售出去了，我家的产品也请您努力销售啊！"

如果您公司的产品卖得不好怎么办？此时，我认为重要的是信息收集。我们的产品与其他公司的产品有何不同？为什么顾客做比较时没有选择它？什么样的顾客会购买您的产品？（他们会不买就离开吗？）您应该向您的公司提供详细的反馈，以便公司开发更好的产品。

正在读这本书的您绝对是认真的人，而且肯定也是对鞋子相关工作充满热情的人。既然如此，就让我们和热爱鞋子的工作人员（即使是竞争对手）一起，创造一个良好的销售环境吧！

如果正在读本书的您想知道哪种鞋子适合您，或者您想购买最适合您的鞋子，又或者您想更好地完成购物，那么请您选鞋时大胆地与销售人员交谈并向他们咨询吧。

思考一下，如果您是销售员，您会向我介绍什么类型的鞋子？您认为好而选择的鞋子，与销售员为您选择的鞋子是否相同？哪里有不同？如果工作人员有丰富的产品知识，且仔细观察了顾客的脚，即使鞋子是竞争对手厂家生产的，他们也能真诚地向顾客做推荐。

这里隐藏着识别优秀销售员的技巧。

◆ 镜子、鞋拔、椅子

当我们谈论什么样的店是一家好店时，会说起镜子、鞋拔和椅子。小店铺的话，空间确实有限，但也可以最大化地利用有限的区域，使其易于使用和移动。

·镜子

试衣间里一般都会有镜子，镜子非常重要。即使是穿在脚上的鞋子，在镜子里仔细检查其与身上的衣服是否搭配、好看也很重要。顾客试穿鞋子时，容易只把注意力集中在鞋子上。同样，人们买耳环时，会只关注耳环；买戒指时，会只关注手。然而，其实顾客应该在大镜子里检查衣着的整体搭配，以及站立和行走的方式。另外，我还会注意顾客在试穿鞋子时脸上的表情。

对于不习惯穿高跟鞋的人来说，高跟鞋会让他感觉紧张。而这个紧张的情绪会表现在他的脸上，笑容也会变得紧绷。对于顾客来说，他能亲自体验这种情绪并对此感到信服也很重要。

那么我们应该在哪里设置那面镜子呢？在日本的卖场，顾客经常亲自试穿鞋子。大部分人站着换鞋很容易，但也有些顾客行李较多或年龄较大，或者穿的是系带鞋，为了顾客的安全，我们需要建议这些顾客坐在椅子上试穿。但如果椅子和镜子距离很远怎么办？如果不去镜子跟前检查，就没办法检查全身的搭配。如果顾客带了贵重的行李，那需要移动到镜子跟前时，行李怎么办，或者他们脱掉的自己的鞋子怎么办？把它们留在椅子周围，然后在镜子前来回走动的话，特别是如果顾客想多比较试穿几双的话，就太麻烦且没办法冷静思考了。

但是，如果椅子周围不能设置镜子怎么办？这时可以准备移动式的全身镜，但应把它预备在商品仓库等地，以防阻碍过道。当然，这个移动式全身镜也应该有一定品位，否则会破坏卖场的氛围。一面镜子本身就很重，如果上面有装饰，就更重了。所以移动时要格外小心。要经常检查轮子，确保它们移动顺畅且不会吱吱作响。

如果我们有这样一面镜子，即使是腿脚不方便的顾客或者老人来到店里，也可以毫无负担地检查全身搭配。

·鞋拔·

鞋拔也是一个重要的物品。店里摆的鞋子都是新的，并且没有适应顾客的脚型。如果您试图让顾客强行穿上，可能会损坏鞋子并使顾客感到不舒服。

顾客想试穿一下，却看不到鞋拔子，这会让您的顾客感觉很不好。店里明明卖的是高档时尚的鞋子，鞋拔却是塑料的、看起来很廉价的话，也会让顾客兴趣全无。

此外，很多老年人的膝盖和下背部都有这样那样的问题，弯腰穿鞋有时可能比您想象的要困难。最近，市场上推出了带有长手柄的鞋拔，年长的顾客用这样的鞋拔，就可以在不对腿或腰部造成压力的情况下试穿鞋子了。

您还应该检查鞋拔的材料和表面。如果表面有刮痕，那可能会损坏顾客的丝袜。

我们应该向顾客提供设计精良、材质坚固、使用起来轻松无压力的鞋拔。当然，这也是创建功能性卖场的第一步。

·椅子

我负责卖场装修时，谈到过以酒店大堂为形象的卖场打造中需要配置的椅子。椅子既有奢华的感觉，又因为材质是合成皮革，在顾客放在椅子上的食物汁液漏出时可以轻松清理干净。这样的椅子因为坐起来很舒服，得到了许多顾客的称赞。如果椅子舒服，即使店里有点拥挤，店员需要让顾客等待

(虽然原本不应该让顾客长时间等待)，顾客也能舒服地坐着。但是，说到椅子，这不仅仅是关于舒适度的问题，还有一些其他事情需要考虑。

比如椅子的放置。正如我之前在镜子部分提到的，在镜子附近放一把椅子非常重要。然而，有时镜子的数量比不上椅子的数量，所以如果椅子一直被占用，那就会是一个问题。如果一个男人被迫和他的妻子或女朋友一起购物，而他只是无聊地坐在镜子那里，您会怎么做？这会给其他想要使用该镜子的顾客造成困扰。

此外，人们很多时候会将行李放在椅子上。如果镜子和椅子距离很远，顾客和行李分开了怎么办？不幸的是，在百货公司经常会出现物品被盗的情况。如果那把椅子位于视野不佳的盲点怎么办？如果发生盗窃事件，那就不仅仅是鞋子销售的问题了。椅子应该设置在哪？工作人员务必把握好并勤做检查。

◆ 您知道店里所有的商品吗？

我不是告诉您要记住店里的所有库存。但要对鞋子的位置和大概什么特征有印象。我在百货公司工作期间，参与过采购工作，我觉得当时最轻松的时光就是每天早上我与鞋子互动的时间。

早上，我会提前 30 分钟到店，清洁并擦亮鞋子，擦净箱子、架子，以及玻璃和镜子上的指纹、雾气，然后查看每双鞋的情况。

"不知道什么样的人会穿这双鞋？""这样的染色工艺肯定很费功夫。""这些缝线看起来很复杂，一定是匠人的作品。""这双鞋穿起来会很有趣吧。"就像您观察某人一样，您会注意到鞋子的可爱之处和特征。

即使到了开店营业的时间，我这种感觉也没有改变。

"不知道今天会不会出现穿这双鞋好看的人啊……"这样想的同时，我的目光自然地转向入口处。如果出现能让我做这样的推荐的顾客，我会非常高兴。

我的脑海里会充满关于鞋子的想法、对制作它们的匠人的思考、对那些购买和穿着它们的顾客的想法。

当然，工作中光有想法是不行的。即使您找到了一个穿鞋子好看的人，如果鞋子不适合那个人的脚，那也没有意义。仅单方面地向顾客表达您的想法，是一种强加的做法。

首先要做的就是冷静地审视鞋子。如果您被要求拿起一双鞋子并说出"告诉我关于这双鞋，您最喜欢的五个地方"，您会怎么做？

"轮廓很精致。"

"鞋跟和身上服饰的对比非常美妙。"

"水钻真漂亮……"等等。

如果喜爱一款商品，那么销售员至少应该可以列举出它的四到五个有视觉吸引力的地方。另一方面，如果您不感兴趣，您可能会发现自己无言以对。

我还会在店铺营业前和关门后试穿鞋子。

"鞋子使用了非常柔软的皮革啊。"

"穿这双鞋子走路时感觉弹性很好。"

"它不适合（我的）足弓，可能适合脚部比较宽的人。"

……

像这样亲身体验过，再加上熟知鞋子的外形特征，我会更容易向顾客做推荐。即使尺寸相同,根据制造商以及是日本产还是进口的不同,鞋子也会有差异。这取决于制作鞋子时使用了什么模型。

"A 公司的 EEE(E 指鞋楦的宽度)相当于 B 公司的 EE。"对于这一点,只有以自己的脚为标准去体验过才明白。

哪些厂商有哪些优势?适合或不适合什么样的顾客?以自己的身体为衡量标准,根据自己的身体做出判断,才能向顾客提出有说服力的建议。

写到这里,我回忆起了一些事情。在当今时代,工作时间受到严格控制,无薪加班已不再是一种选择。当然,如果您工作,您就应该得到与您所做工作量相应的报酬,但这种情况持续的时间越长,管理人员的成本就越高。长时间工作可能导致所谓的"黑色工作场所"。

但我在前文介绍的卖场打造、对商品的理解、信息收集工作等不都是只有人类才能完成的工作吗?

那么我们到底该怎么做呢?答案并不容易找到。如果这个问题的答案这么容易找到,那么就没有人会在工作中遇到困难了。

百货公司是商业设施,所以会希望店铺尽可能长时间地营业,并且抓住尽可能多的商机。这是百货公司经营的真正目的。

如果是这样的话，那么清洁和学习产品知识的工作就需要在下班时间进行。日本的传统价值观也推崇这种稳扎稳打的不为人知的努力。当然，埋头努力工作是好事，但员工的努力也应该得到相应的认可。

很抱歉，我无法给您一个"您应该这样做"的答案。因为人们利用时间的方式因人而异、因工作场所而异。但是我觉得公司可以允许员工适当地在工作时间学习，或者卖场经理可以根据工作场所的情况进行判断，分配给员工一些在开展客户服务工作以外学习的时间。

这样，员工就能认识到"了解商品并加深理解""鞋子与服饰的整体搭配，脚的相关知识"也是重要的"工作"。在销售岗位上，销售业绩与评价是直接挂钩的，这是不可否认的事实。然而，员工用心了解商品、收集信息并向客户提供真诚反馈的工作，也永远不会是白费功夫。而且，从长远来看，积累了这些技能的销售人员才是能够取得优异成绩的人。

◆ 了解您的客户并思考如何销售

东京的有乐町、日比谷、丸之内等地是日本最具代表性的商业街。来这一带店铺购物的大部分是白领女性，到了下班时间的下午5:00、6:00，所有店铺会一下子变得拥挤起来，每天都像是战场，一直持续到晚上8:00。

顾客如果是在上班途中顺便过来，那么他们不会有太多时间。很多知名公司都位于日比谷和丸之内一带，在那儿工作的女性都比较富裕，而且对时尚非常敏感。当谈到购买鞋子时，她们会把自己中意的鞋子的图片从杂志上剪下来，直接和店员说"我就买这双"。甚至有些人试都没试就买了。即使当我试图介绍适合她们的鞋子时，她们也只是说："我不需要您推荐其他鞋子啊。"

而且恰恰是这些顾客，一般都有拇囊炎、趾甲内生、槌状趾等脚部问题，或者脚部有变形、受伤，且会痛苦地尖叫。我们销量比较好的也都是不适合顾客脚的鞋……我心里充满了一种无助感。然而，这也给我带来了一个转折点："如果不为女性的脚做点什么，那我们就不是称职的鞋店。"我想了解更多关于鞋子和脚的知识。

由于我在池袋百货公司的经验和业绩，我被赋予了让有乐町西武百货重新开业的任务，负责领导和教育年轻员工。我对这项任务感到非常兴奋，但实际开始工作时，我发现周围的员工和顾客都很年轻。发现很多顾客因没有足够时间而不仔细挑选就买走不适合自己脚的鞋子，他们表示即使受点伤，也想穿时尚的鞋子。作为鞋履顾问的员工没办法顺利推进工作。考虑到在推荐并销售鞋之前，需要先了解怎么护理脚，所以我决定在足鞋培训学校（FSI）学习足部护理，这是一个针对足部和鞋类技师的专业培训课程，我从一位很受欢迎的教练 Bernhard Esser 那里学到了很多东西。

我记得当时的面试问题如下：

"为什么不能对静脉曲张的人进行按摩？请从医学的角度解释一下。"

答案是因为血栓的问题。您认为这是卖鞋的人所需要知道的知识吗？答案是肯定的。未来，在超级老龄化社会，我们将需要具有此类专业知识的销售人员来帮助顾客找到合适的鞋子并帮助他们继续健康行走。

您听说过"脚是您的第二心脏"这句话吗？足部运动，

更具体地说是行走,与血液流动有很大关系。事实上,我在志愿者培训活动时访问了疗养院,我发现不会走路的80多岁的老人和能顺利走路的百岁老人的认知水平存在很大差异,阿尔茨海默病的发展程度是截然不同的。

拥有这样的知识和技能的销售人员将是未来社会的一笔巨大财富。知识和技术可以改变我们看待、处理和销售商品的方式。

您所在的店是一家什么样的店?您的顾客与您是同一代人吗?你们经营什么类型的商品?价格范围是多少?您的顾客想要什么?您的知识和经验符合店铺的需求吗?如果您还缺少什么,那就学习并多体验吧。创造一个可以活用所学知识的工作环境。

当然这并不容易。不过,和我工作那时候不同,现在的公司都有相应的制度。您如果希望,您可以取得鞋履顾问资格,学习相关知识的院校大门永远向您敞开。如果您想成长为一名鞋子专家,如果您想学习如何科学地选择适合您或顾客脚的鞋子,为什么不考虑一下您可以做什么和应该做什么呢?

◆ 识别一个好的卖场和好的员工

到目前为止，我已经写了很多关于打造卖场的内容。如果阅读本书的读者，您不是鞋履顾问，您可能会想："这些跟我有什么关系？"

您如果能通过本书认识到"原来鞋履售卖部门是这样设置的"、"那面镜子原来有这样的含意"，那么我会很高兴。

为了更明智地购买鞋子，我再来总结一下什么是好的卖场和好的销售人员。

- 商品的展示方式易于查看。
- 镜子、鞋拔等必要物品放在易于拿取的地方。
- 卖场保持整洁、干净。
- 卖场无论是繁忙还是空闲，气氛都很好。
- 销售人员动作麻利。
- 当顾客咨询鞋子和脚的问题时，工作人员能让他们很好地理解相关知识。

·工作人员能根据顾客的个体情况帮助其解决足部和鞋子问题，而不是一概而论。

第2章 | 打造卖场很有趣——如何识别一家好店

专栏

百货公司鞋履卖场的乐趣

百货公司销售很多东西，不仅出售鞋子，还出售包袋、围巾、手套、帽子、配饰、衣服、食品、家居用品等。百货公司鞋履部门的另一个独特之处是与其他部门的合作。

我们会花很多心思来创造一个有趣的店内展示。季节感很重要，在时尚界，领先季节一点发布时尚资讯是常识。当我想用流行的颜色或款式给人留下深刻的印象时，我经常会借用其他部门的包包和丝巾来搭配鞋子。

当然，我们也会向其他部门借出鞋子。只有经营好与同事之间的人际关系和信任关系，才能实现以上展示。

比如买鞋的顾客看到整体搭配后虽然没有购买鞋子，但可能会前往自己中意的包包卖场。相反的情况也会有。重要的是每个卖场的每个人都有帮助顾客协调全身搭配的意识。

如果是一个有品位、高要求的顾客，会选择在百货公司购物，有时在楼上买完衣服后，会拿着衣服直接到鞋子销售部门购买鞋子。

"我刚在楼上买了这些衣服,我想买双与衣服搭配的鞋子。"

顾客就这样保持着购买衣服时的兴奋感来到鞋子卖场。

鞋履顾问的工作确实是多姿多彩的。健康比任何时尚都重要。我们的使命是竭尽全力为客户的双脚服务,与此同时,鞋子的魅力之一就是它给了我们实现理想的机会,那就是让顾客的日常生活尽可能有趣和轻松。我认为,如果销售人员热衷于鞋子、时尚和服饰搭配,就能创造一个快乐的卖场。

第 3 章

一起来了解一下鞋子吧
——如何挑选好鞋子

第 3 章 | 一起来了解一下鞋子吧——如何挑选好鞋子

在第 1 章和第 2 章中,我根据自己的经验讨论了"卖鞋"或"明智购买"的主题。从这一章开始,我将向您展示如何选择好鞋子。

很多人都有鞋子相关的烦恼。比如,您想穿的鞋子不适合您的脚,工作一天后脚很痛,疮、水疱、嵌甲、槌状趾、拇囊炎……由鞋子引起的足部问题数不胜数。

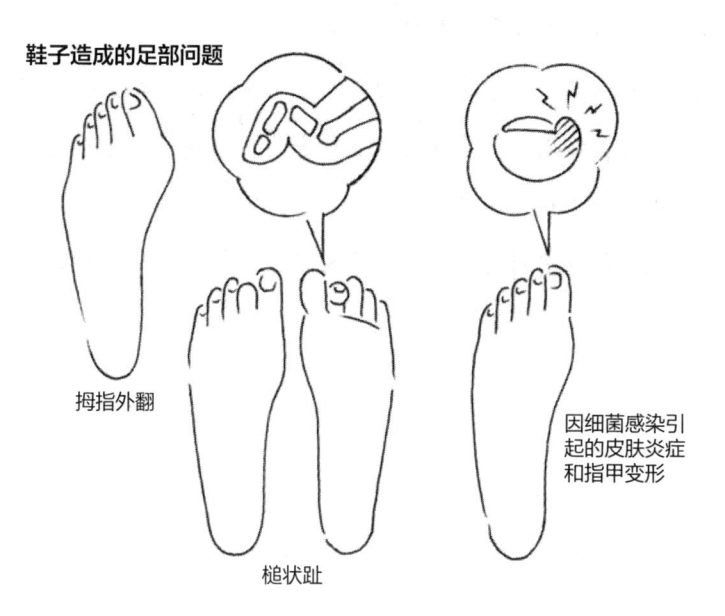

鞋子造成的足部问题

拇指外翻

槌状趾

因细菌感染引起的皮肤炎症和指甲变形

此外，当您观察在路上步行的人们的行走方式时，您会发现人们选择的鞋子多么让您摸不着头脑。例如，在年轻女性中间流行的雪地靴。

它由柔软的材料制成，鞋型宽松。如果您每天都穿着这种鞋行走，鞋子会因为适应了您的步行习惯而变形。我经常看到人们穿着它疲惫地走在路上，那是因为它不适合您的脚，所以您穿着它走起路来往往给人拖拖拉拉的感觉。看着拖着脚步走路的小姐姐们，脚下发出扑哧扑哧的声音，我忍不住想问："这样走路不觉得辛苦吗？"但她们不觉得，而且心情可能不错，因为她们觉得自己看起来很时尚。

如果人们继续穿着这样的鞋子会发生什么？我在有乐町的百货公司工作期间，看见过太多严重受伤的脚，这也激发了我学习脚和鞋子相关知识的欲望。

我想把我学到的东西分享给大家，希望大家在选鞋的时候能够用到。

◆ 欧美人如何穿鞋／日本人如何穿鞋

当我还是个孩子的时候，鞋子是只在特殊场合穿的东西。当然，我在学校会穿运动鞋，但日常生活中很多时候穿的是木屐。而我母亲可能一辈子都没穿过鞋。

对于战后出生的我来说穿鞋的历史很短。可以说，鞋在日本人生活中扮演的角色还很年轻。

正如您从电视剧和电影中看到的那样，在欧美人的生活方式中，人们即使回到家也不脱鞋。他们从早到晚都穿着鞋子。而且，他们也不像日本人每天会在浴缸里泡澡，使用的几乎都是淋浴。对他们来说，鞋子可能比他们的历史更重要。毕竟，他们在一天中的大部分时间都将自己的身体托付给了鞋子。

脚也被称为第二心脏。步行可以增加血液流动，这对人的全身健康有很大帮助。那么我们该把宝贵的"心"放进什么样的鞋子，怎样穿、怎样走路呢？欧美人从小就接受了关于如何选鞋、如何走路的教育。欧美人最在意鞋子合不合脚，所以他们会很认真地选择鞋子。

我在销售现场就经历过这种情况。那是一位法国顾客，当我尝试以和服务日本人同样的方式为他服务时，他说：

"我在一个有着漫长鞋子历史的国家出生和长大，所以我知道如何购买和穿着鞋子。我可以自行决定尺寸是否合适。我们倒不如聊一下颜色和设计。"

那一刻我才意识到欧美人对鞋子的认知度有多高。

◆ 日本人不认识自己的脚

正如我在上一章中提到的，卖鞋是一件极其困难的工作。此外，在日本的卖场，顾客经常自己环顾四周，如果他们看到了什么，就自己尝试一下。当尺寸不合适时，会询问销售人员："这双鞋有24厘米尺码的吗？"最常见的模式是销售人员从库存中取出顾客想要的尺码，顾客试穿后如果喜欢，就购买。如果顾客不喜欢，他们要么转向另一种商品，要么最终说："我再到其他店看看。"

这真的是一件好事吗？

店里陈列着那么多鞋子，如果顾客有感兴趣的商品，且尝试了自己的尺码，然后决定买不买，光是这一点就决定了顾客和鞋子的"缘分"。

事实上，在店里陈列的众多鞋子中，有更适合顾客的鞋子，只是还没被发现。

作为一名鞋履顾问，让我感触最深的是"日本人不了解自己的脚"。

我的脚尺寸是 23 厘米、EE 宽，所以不管到哪里试鞋都是选择自己认定的尺码。但这其实是错误的。

顾客来到鞋卖场是想寻找最适合自己脚的一双鞋。比如，女士鞋 21 厘米与 26 厘米的尺码之间相差 5 厘米，但是人的脚之间的差别不会这么精确。而且脚的左和右、长短、宽度都因人而异，但是鞋子在被制作时是左右对称的。所以人们只能尽量选择最接近自己脚尺寸的鞋子，不存在 100% 符合自己脚的鞋子。

但顾客在卖场买鞋时，即使销售员给了他们所要求的尺码的鞋子，也还是不合脚。

然后顾客尝试了大一号（或小一号），也不是十分合脚。在这种情况下，鞋履顾问要做的就是准确测量顾客的脚，同时仔细观察顾客的脚，以发现问题。

下面我详细介绍一下如何测量顾客的脚。使用专门的记录纸，让顾客穿着袜子站在上面，不要弯腰或低头，直视前方，然后勾画脚的轮廓。此时，尽量不要让顾客长时间保持一个姿势，否则顾客会感到疲倦，而且勾画轮廓时不能用力过大，否则无法顺利地画线。测量是鞋履顾问工作的第一步。鞋履顾问的经验越丰富，测量就越快、越准确。

通过测量和勾画双脚的轮廓，可以清楚地看出左脚和右脚的差异有多大。我们可以当面向顾客展示其脚长、脚宽、脚围。我会坐在顾客旁边，给他们展示以这样的形式完成的记录纸，因为顾客如果以和您同样的视线观察自己的脚的情况，会比较有助于他们了解自己的脚。

通过这种方式测量，顾客可以第一次客观地看到自己的脚，在某些情况下甚至会感到惊讶，然后会对测量结果感到信服。

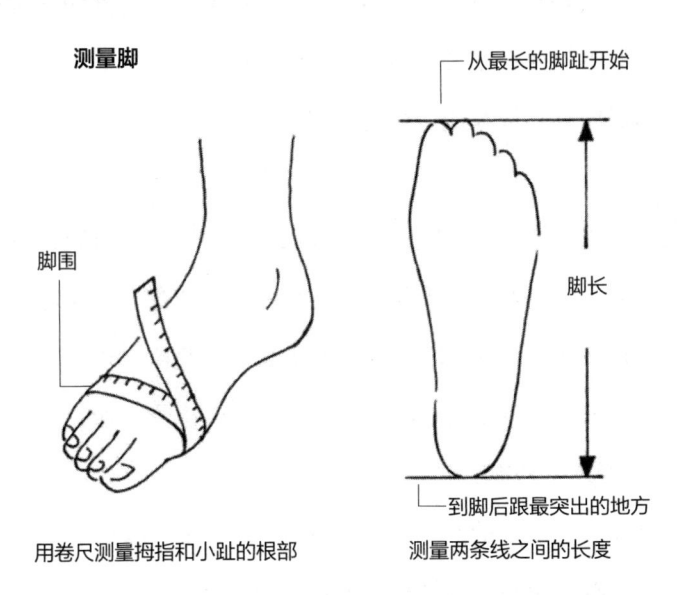

测量脚

脚围

用卷尺测量拇指和小趾的根部

从最长的脚趾开始

脚长

到脚后跟最突出的地方

测量两条线之间的长度

◆ 从测量数据中可以读取什么

测量工作并不是测量完长度后就结束。即使您进行了仔细的测量，然后仅对顾客说"您的脚的尺寸是 24 厘米、EE 宽"，也是没有意义的。记录纸上包含有关顾客脚部的详细信息。鞋履顾问要仔细阅读这些信息，并将这些信息传达给顾客，然后向顾客推荐最适合其脚部的鞋子。

您可以这样解释："您的脚长是 229 毫米，右脚稍长一些，但大部分人的左右脚都不是一模一样的，所以您不用担心。脚围分别是 240 毫米和 245 毫米，右脚长了 5 毫米。以大一些的右脚为准的话，就是长 230 毫米，脚围 245 毫米，所以您的鞋码是 23 厘米、EEEE。"

此外，一个人的脚的某些方面是不能仅根据数字来判断的。虽然脚围相同，但是有些脚是平的，有些脚是高足弓的。

"您的右脚拇指看起来好像有点问题，有痛感吗？"

像这样观察和确认一下顾客的感受。如果您发现任何问题，那可能都是由顾客所穿的鞋子引起的。结合脚部的特点，确定到底是哪种鞋子造成了顾客的这个问题，并思考推荐给顾客什么样的鞋子可以让其感觉更舒适。

三种脚型

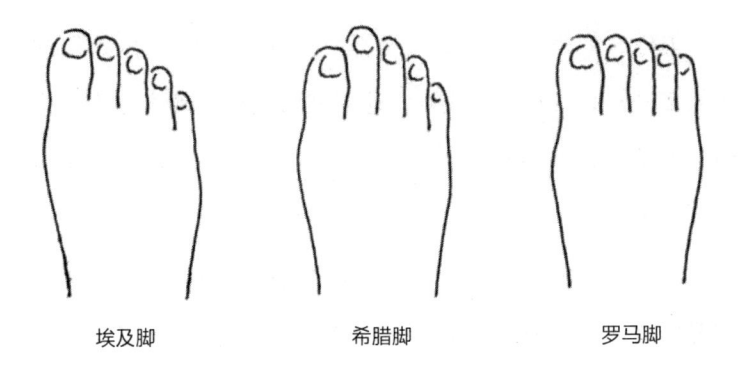

埃及脚　　　　　希腊脚　　　　　罗马脚

"埃及脚的特点是大脚趾比其他四根脚趾长，从大脚趾到小趾依次变短，呈一条斜线。脚的周长左右相差 5 毫米，所以如果以大一点的脚为准买鞋，另一侧的鞋子穿起来会感觉有松动。这样的脚型买到合适的鞋比较难，因为 23 厘米、EEEE 的鞋子比较少见。所以很多人会以宽度为准买鞋，而经常选择比脚长稍大的尺码。但其实选择与脚型相符的、很好地支撑足弓的鞋对于脚的健康才是最有利的。"

"建议您选择可以用鞋带等调节的鞋子，因为鞋带可以保持您的脚在鞋子中的位置，而不来回晃动。"遇到像这位顾客一样脚部存在很多困扰的，我会告诉他全部真相。

当然，事情不应该就此结束。脚部出现的问题越多，越需要鞋履顾问跟进后续情况。因为当顾客得知现实情况后，可能会感到沮丧，或者因为自己也许再也不能穿着时髦的鞋子而感到失望。

另外，如果销售人员只是不负责任地告诉顾客"您的尺码是23厘米、EEEE，我推荐这双鞋"的话，顾客也许会抱怨说"我适合那种鞋吗？我绝不会买！"，从而丧失购买新鞋的兴奋感。

传达给顾客事实后，还要负责任地跟进情况。比如要了解顾客想要什么类型的鞋子，顾客想买什么用途的鞋子。

顾客会告诉您，"我受邀参加婚礼，我真的很想穿设计时尚的鞋子。即使它们稍微不适合我的脚，我仍然想穿一穿"。这时您可以想出一些办法满足顾客的需求。

同样作为女性，我觉得鞋履顾问应该站在顾客的角度考虑对方的感受，为了能让顾客即使在聚会的短暂时间里也能享受乐趣，而帮助其挑选合适的鞋子。

◆ 什么样的鞋才是好鞋？

在有乐町西武百货工作的经历让我有机会开始了解足部健康和护理知识。我谈到过20多岁、30多岁的女性因为长期有脚部问题，且不尝试积极解决这些问题或不进行足够的护理，等再年长一些，连走路都会变得很困难。这种危机感激励着我去学习。有很多顾客都抱着这样的想法："虽然不合脚，但我为了时尚可以忍受疼痛。"但是，不言而喻，健康才是时尚的前提！所以，我们首先要保证双脚的健康。

前段时间，电视综艺节目中很流行"美丽魔女"这个词。很多50多岁、60多岁，甚至70多岁的女性都拥有没有年龄感的美丽，她们有苗条的身材和优美的体态，美丽的皮肤和头发，电视节目中把这样青春洋溢的中老年女性称为"美丽魔女"。

那么到底是什么造就了"美丽魔女"呢？这是因为她们拥有健康的生活方式（包括饮食习惯）、好的心态，以及使用出色的护肤产品。

健康的女性即使年纪大了也能穿着高跟鞋自信地行走。现在我们已经进入一个成熟的老龄化社会，这在某种意义上可能是自然规律，但也不要因为年龄而放弃时尚和美丽。我很高兴看到社会上活泼、充满活力的女性数量在不断增加。

日本人开始每天穿鞋，至今才有约 80 年的历史。虽然让您的皮肤和头发看起来更年轻的美容技术在不断进步，但我们不能说身体本身也在进化。日本人的双脚，从小到大都承受着很大的压力，到了老年，会经历由累积的疲劳和问题造成的悲剧。然而，活跃于社会生活中的女性并不想因为年龄的增长就放弃时尚。未来，越来越多具有丰富社会阅历的女性将进入老年一代。所以我认为她们最需要的就是店铺和销售人员能够为她们提供兼具时尚和健康性能的产品。

那么我们应该做什么呢？

现在市场上出现了很多时尚且舒适的鞋子。然而，有些人还是会说，"我不需要步行鞋或舒适鞋"。

喜欢穿高跟鞋、穆勒鞋和凉鞋的女性年龄范围正在扩大。

这样的背景下，我们可以建议顾客将庆祝场合、外出、时尚、和非庆祝场合、日常使用等分开，来选择鞋子。

正如我在上一节中提到的，很多人即使脚有问题，即使脚有点痛，或者即使鞋子不合脚，也仍然希望在婚礼派对的有限时间里看起来很时尚。

我们虽然实在不能建议顾客每天在通勤时穿不合脚的鞋子，但可以建议顾客在聚会的2~3小时尽情享受穿着时尚鞋子的乐趣，而在聚会前后穿舒适的鞋子行走。这样根据使用场合穿着不同类型的鞋子的做法是最佳的。最重要的是，我们需要理解顾客的价值观，以及他们优先考虑的事情是什么。

拇囊炎和槌状趾都是由不合脚的鞋子引起的问题。欧美人一天的大部分时间都穿着鞋子，他们在选择鞋子时很小心，因为他们深刻地理解鞋子与人体接触的频繁程度。

您现在理解选择鞋子时最重要的是什么了吗？

"一定要谨慎选择白天穿着时间最长的鞋子。"因为是每天都使用的物品，所以一定要选择高品质的。我认为这种思维方式如今已经成为与生活相关的价值观的主流。

然而，这里说的"高品质"到底指的是什么呢？

一般情况下，人们都认为高价等于高品质，还有前沿设计等于高品质。

但是高价、前沿设计都只是"高品质"的某些方面。真正重要的是让您以健康的方式行走的鞋子，适合您脚的鞋子。

即使是花费数十万日元买的鞋子，如果它损坏了穿着者的脚，那么对于这个人来说也是毫无价值的。

这就是为什么我希望未来的鞋子销售人员成为"鞋子和脚部的专业人士"。因为他们明确地知道，即使A先生和B先生的脚尺寸相同，适合他们的有可能也是完全不同的鞋子。

很多人都是在有限的预算内购物。人们对于为在特殊场合穿着而预备的特别的一双鞋子，花几万日元也不奇怪。对于店铺来说，售出昂贵的商品也会很高兴。然而，为了让已经与您建立关系的顾客重复购买，最好能让顾客愿意买平常生活中穿的鞋子，而不是购买每年仅在某次特殊场合穿着的鞋子，这一点也很重要。

如果是我的话，我会真诚地建议顾客："鞋跟有点高，穿起来可能会有点不舒服，上下楼梯等地方时请您小心啊。您是乘坐电车，还是驾车往返聚会呢？如果可以的话，请在聚会前后穿舒适的鞋子啊。"并和顾客确认，如果她回家前会换掉整套衣服再出发，或者在衣服外面穿一件外套再乘坐电车，我们就可以建议顾客选择一双适合乘坐电车时穿着的行走起来更舒适的鞋子。就是这样，在满足客户愿望的同时，我们给出健康和安全方面的建议。如果销售人员能够基于扎实的知识和经验提供真诚的建议，那么一定能得到顾客的信任，顾客会说：

"我还会再来您这儿购买鞋子的。"

"正因为需要每天穿着,所以选择合适的鞋子是非常重要的事情。欢迎您常来选购。"

这样,您就能成为为顾客判断出什么是"好鞋"的人,这会增加您的粉丝数量,而且意味着顾客在购买鞋子的同时也在购买"您"。

◆ 日本人的脚变了吗？

随着生活方式的改变，日本人的脚也在改变。过去，日本人的脚无论男女都是高而宽的。简而言之，就是脚背高、脚宽、偏圆润的脚。

然而，就像鞋子的历史一样，日本人的生活方式也发生了巨大的变化。

现在大多数厕所已经从日式变成了西式。在城市，拥有日式房间或榻榻米房间的住宅在减少。换句话说，日本人日常生活中需要"从地板上站起来"的情况在急剧减少。

正坐的机会也减少了。因此，日本人的脚后跟变得越来越精致了。

当人们正坐时，臀部会靠在双脚后跟上，脚后跟会承受身体的压力。现在因为正坐的机会减少了，所以人们除了在站立时，脚后跟不需要承受太多重量了。虽然日本人还不习惯在家里仍然穿着鞋子，但拥有欧美人那样的细脚的人，尤其是年轻人,正在增加。

现在,日本产的鞋都是针对日本人的脚设计的。产品是根据各自目标年龄段人群和脚型制作的,但就像"美丽魔女"的现象一样,在潮流和时尚方面,代际界限正在瓦解。如果有良好的时尚品位,即使是年长的人,穿面向20多岁、30多岁年轻人的鞋也很好看。但是,我希望人们不是只优先考虑时尚感而忽视鞋子是否适合自己的脚。

时尚一直是年轻人谈论的话题。而时尚现在相当碎片化和多元化。就连休闲也开始多样化,是民族风还是运动风、前卫派?随着选择的增加,时尚也变得非常多样化。您不需要仅仅因为是面向年轻人的鞋子而感到沮丧,并想:"我太老了,不适合了吧。"面向年轻人的鞋子中也有很多选择。正如上一节提到的,这里重要的是充分了解您的脚,找到一家有值得您信赖的鞋履顾问的店铺,让他们为您测量。在了解您的脚,并了解您可能遇到的所有问题后,您可以向鞋履顾问咨询什么样的鞋子适合您的脚。然后试穿不同类型的鞋子以积累经验。

但是要避免心不在焉地把脚放进鞋里随便试试就判断鞋子是否合脚。您要在试穿鞋子时确认各个地方的合脚程度,并请鞋履顾问告诉您需要重点检查的地方。

有人拥有传统的日本脚,也有人拥有像欧美人那样细长的脚。无论是什么情况,作为顾客的您都应该了解自己的脚,了解试鞋时需要重点关注的点。

这样,您才能买到让您健康行走的鞋子。

◆ 试穿时的检查要点

现在，作为一名鞋履顾问，当需要向顾客推荐鞋子时，您应该做什么？我想在这里列出我当初作为一名鞋履顾问时牢记的事情。

一旦我们掌握了顾客的所有信息，包括他们的喜好、需求、预算和脚围，我们就可以选择出两三双鞋子进行推荐。这时，了解店内的商品阵容很重要，这样您就可以快速想到"那么那个就行"，而不必让顾客等待。之所以只推荐两三双，是因为如果选择太多，只会让您也感到困惑。

让顾客等待时，您还需要发挥创意。当您尝试推荐的鞋子位于不同的位置，例如不同的仓库中时，如果您觉得可能会让顾客等很久，那么就请顾客坐在椅子上，把一两双鞋先拿过来，并向顾客解释一下："我需要去远一点的仓库取鞋，所以请您先试试这些行吗？"因为如果销售员去取鞋而让顾客长时间等待，顾客会变得焦虑。

在仓库时，我们要检查鞋盒中的鞋子。因为有时候销售员容易在慌忙中把左右脚的鞋搞错放到不同的鞋盒里。所以需要确认：鞋子是一对吗？尺寸正确吗？鞋底和鞋内干净吗？是否有划痕或颜色不均匀？我偶尔会看到销售员腋下夹着一个鞋盒从仓库里走出来，但如果是我，我会把鞋盒横放着拿在肚脐前，用双手端着它走向顾客。这样做是为了给顾客一种"这是您肯定会喜欢的珍贵的鞋子"的感觉。如果您同时拿了多双鞋，那么请将最上面一双鞋的鞋盒的盖子留在仓库中。无论您走路的速度有多快，一旦进入顾客的视野，就应该放慢速度。如果一边急急忙忙地走着一边说"让您久等了"，会给顾客很失礼的感觉。

不要突然在顾客面前蹲下来，而是停下来后鞠躬说："让您久等了。"这里的原则是我们不要"同时"做任何动作。向顾客介绍鞋子时，请务必用双手拿着鞋子，以给顾客我们对待鞋子和工作都很认真的印象。

顾客试穿鞋的时候，要在每只脚前面各放一只，而不是一股脑儿地把鞋都摆在顾客面前。

销售员帮助顾客试鞋时，可以助推或按压顾客的脚后跟，以便顾客容易穿上或脱下鞋子。当您触摸顾客的脚或鞋子时，一定要先说句："失礼了。"

顾客试穿鞋子后询问我的印象时，我不会反过来问顾客：

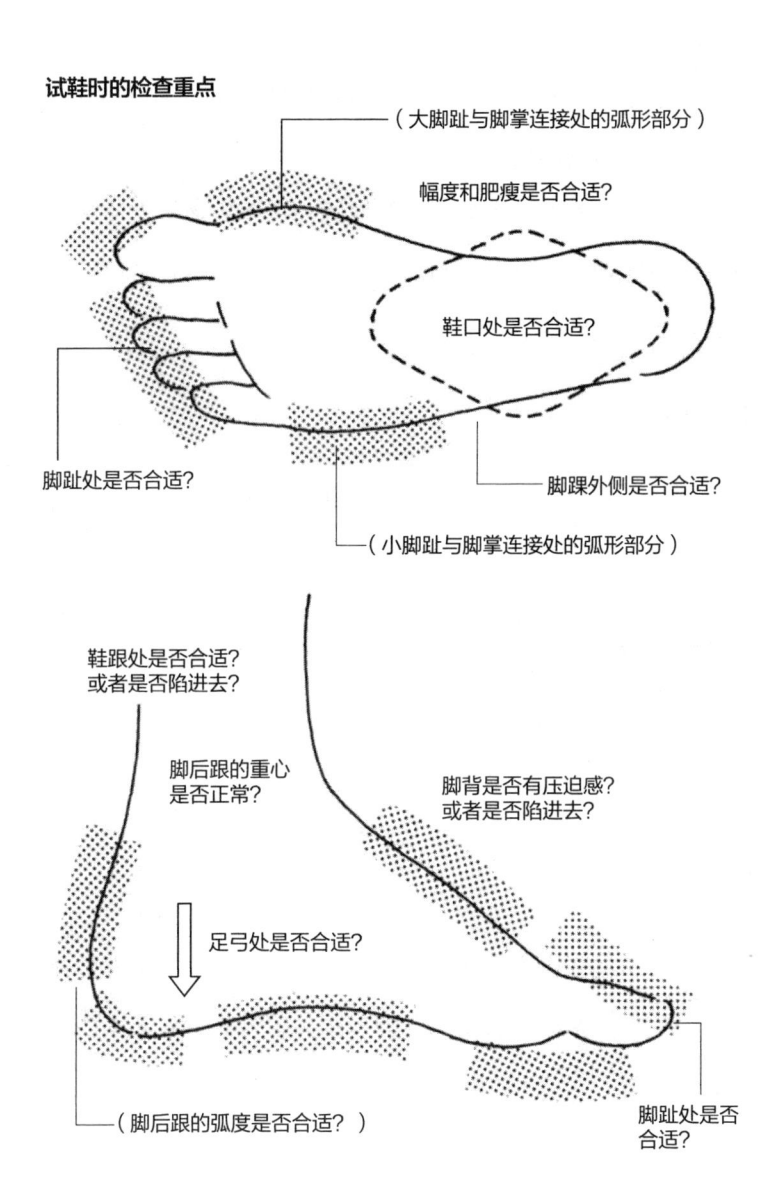

第3章 | 一起来了解一下鞋子吧——如何挑选好鞋子

试鞋时的检查重点

——（大脚趾与脚掌连接处的弧形部分）

幅度和肥瘦是否合适？

鞋口处是否合适？

脚趾处是否合适？

脚踝外侧是否合适？

（小脚趾与脚掌连接处的弧形部分）

鞋跟处是否合适？
或者是否陷进去？

脚后跟的重心
是否正常？

脚背是否有压迫感？
或者是否陷进去？

足弓处是否合适？

（脚后跟的弧度是否合适？）

脚趾处是否合适？

109

"您觉得怎么样？"

"高跟鞋感觉合适吗？""您的手指能否伸入鞋子中？"我会问这样具体的问题。

试穿时的检查要点如下。鞋履顾问和鞋店销售人员只要阅读文字就能理解。但如果阅读本书的您是普通消费者，那么请结合插图来理解吧。

1. 鞋口

鞋子的开口。鞋子的开口是否贴合顾客的脚？检查鞋口是否变形或敞开。

2. 脚踝

通过站立（将身体重心放在脚上）和行走来检查脚踝。检查鞋口处是否触及脚踝。

3. 鞋跟

通过站立和行走来检查脚后跟。鞋跟的曲线与足部的曲线相符吗？如果鞋跟曲线太深，脚后跟会陷进去，如果太浅，则很容易滑落。

4. 足弓

检查足弓是否正好靠在鞋弓上。当涉及高跟鞋时,检查这一点尤其重要。对于脚背没有支撑的普通高跟鞋尤其如此。如果穿高跟鞋时脚和鞋弓不匹配,站立时脚就会向前移动。如果脚不断向前滑动,脚趾会不断被卡住,可能会导致槌状趾等问题。如果鞋弓适合脚的足弓,行走起来会比较舒适。

5. 脚趾

还要检查脚趾状况。脚趾伸展得自如吗?确认这一点时,有人会从鞋的外侧按压脚趾的部分,这样是不行的。因为这样做,试鞋子的人肯定会觉得疼,而且还会损坏鞋子。正确的方法是,将手指尖并排放在鞋子上,通过手指的触感和体温确认脚趾处的合脚情况。

6. 大脚趾和小脚趾与脚掌连接处的弧形部分

检查该部分是否太松。如果是高跟鞋,此处稍微紧一些比较理想。

7. 脚背

检查脚背是否受到挤压。脚背部分也叫腰部,如果是系带鞋，可以通过鞋带调整松紧度，将其拧紧的话，脚就不会在鞋内向前移动。

棘手的工作是售卖童鞋。与成人不同，儿童试鞋是很困难的。孩子们常常无法用诸如"感觉……"或"有点疼"等语句来表达他们的感受。

我经常遇到父母问孩子"能穿吗？感觉怎么样"的情况。孩子们不知道该说什么，常常困惑地歪着头。

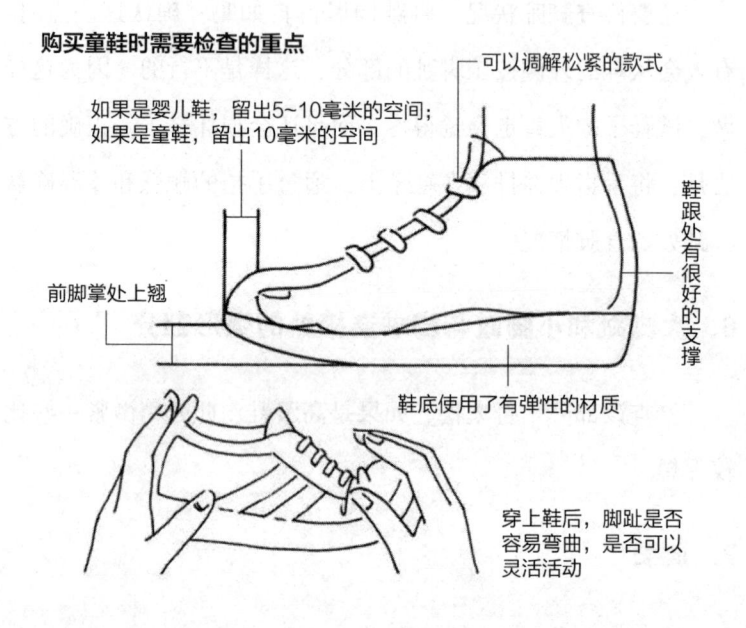

购买童鞋时需要检查的重点

- 可以调解松紧的款式
- 如果是婴儿鞋，留出5~10毫米的空间；如果是童鞋，留出10毫米的空间
- 前脚掌处上翘
- 鞋跟处有很好的支撑
- 鞋底使用了有弹性的材质
- 穿上鞋后，脚趾是否容易弯曲，是否可以灵活活动

另外，儿童脚部关节的发育并不完全，而是甚至可以说处于"软绵绵"的状态。由于它们很柔软，即使鞋子稍紧，儿童也可以轻松穿着。

成人在为儿童购买童鞋时一定要仔细帮他们试穿、评估。

◆ 镜子里会映照出顾客的真实感受

试穿完毕后,请顾客对着镜子检查一下自己的全身,"请您走到镜子面前好吗?"

这是因为当销售员看到顾客穿着鞋子走路的样子时,可以检查很多地方。

这时,请按照上一节介绍的方法检查顾客脚后跟和脚踝的状况。顾客穿着鞋子步行时的情况怎么样?这与其穿着自己的鞋子一开始走进店里时有什么不同?顾客似乎感到疼痛或行走困难了吗?

我邀请顾客走到镜子前,当他们从椅子上站起来时,我也一起站起来。这时我会观察顾客的面部表情和动作。当顾客站在镜子前时,请确保镜子中没有映出您的影子。镜子只为了顾客而存在。

现在,您觉得镜子里的顾客看起来怎么样?照镜子的顾客是什么样的感受?顾客在微笑吗?或者看起来有疑惑吗?

接下来要检查的是顾客全身的搭配。裙子、裤子等下装的长度和鞋跟的高度是否搭配？身高和鞋跟高度之间是否协调？色彩搭配吗？

因为顾客也可能不是在寻找与当时所穿衣服相匹配的鞋子，所以销售员要确认好顾客购物的目的是什么以及想将它们与什么搭配。即使顾客现在穿的衣服与穿新鞋子那天所计划穿的不同，您仍然可以在一定程度上判断鞋子是否符合这位顾客的特质和喜好。

镜子反映的另一件事是顾客满意度。如果顾客很高兴，肯定会直视镜子，并且心里想着"鞋子很适合自己，看起来非常棒"。如果顾客不喜欢它，面对您的提问，就会回答得很模糊，目光也会容易向下。在这种情况下，我们可以说："您有什么担心的吗？如果您有具体要求，请尽管提出来吧，例如'我希望颜色亮一点'或'鞋跟的高度稍微有点……'，我们可以给您推荐相应的鞋子啊。"

◆ 直到找到一双好鞋——明确缺点

我在前文说过，鞋子是一种很难销售的商品。人的左右脚天生是不同的，早上、中午、晚上都会有变化。只要身体状况发生轻微的变化，脚就会发生变化，鞋子是为娇嫩的脚而设计的产品，所以它会伴随各种各样的缺点。为了成为一名成功的销售人员，拥有尽可能多的相关知识很重要，并且一定要诚实地将产品缺点传达给顾客。这样做，您可以获得信任，而且随着你们关系的继续发展，您找到"正确答案"的概率也会提高。

从顾客的角度来看，如果能找到一个对产品和足部健康有深入了解，有很好的时尚感，能清楚地解释产品缺点的销售人员，他们购买的次数越多，越能买对鞋子，也就是越能买到更适合自己的"正确"鞋子。

挑选鞋子，一般会涉及两个主要缺点：一是关于疼痛，二是穿鞋时的注意事项。例如，关于疼痛：

"这双鞋似乎会对您脚的这里和这里造成负担。我相信您自己也感受到了一些疼痛。"

"由于您的脚趾甲和鞋子相互碰撞，可能向内生长。如果您现在感到疼痛，最好不要经常穿它。"等等。

销售员提前告知顾客不利之处，并将最终决定权留给顾客。如果顾客据此进行购买，可以告诉顾客"如果您以后发现自己遇到这种情况，请联系我们"，以减少顾客的焦虑，这是很重要的一点。可以说，越是奢华的品牌鞋，穿鞋时需要注意的事项就越多。

奢华的品牌鞋通常使用了细腻的材料和精致的设计，其颜色容易因雨水或汗水而褪色。有些甚至会因在一场暴雨时穿着就出现变形，从而无法穿着。如果顾客在购买时，您没有说明鞋子对雨水敏感，顾客可能会抱怨："我的鞋子这么贵，现在您要怎么处理呢？"此外，意大利制造的鞋子，皮革的鞋底可能有彩色饰面，使其看起来更漂亮，但它会褪色。不了解该商品的顾客可能会感到惊讶并误认为是劣质产品。销售员只有正确理解产品才能解释这些缺点。包装并交付商品时，请加上"请注意这一点"的解释。如果您从一开始就让顾客知道，顾客可能会说："如果是需要这么小心翼翼穿着的鞋子，那我就不买了。"这种情况下，销售员可以推荐另一种商品。这比购买后又收到投诉要好得多。

◆ 进口鞋和日本产鞋

过去，鞋子是需要在鞋子专卖店购买的东西。后来，百货公司的鞋类部门开始扩大，现在连服装店也卖鞋了。如果您去郊区的大型购物中心，您会发现有的甚至在电器店的角落里也设有鞋卖场！随着鞋子销售方式的多样化，每种鞋子的来源也多样化了。

当我在百货公司工作时，我们经常卖海外时尚品牌的鞋子。其中有两种：一种是日本厂家授权生产的，另一种是直接从海外采购的正品进口鞋。目前情况基本没有变化。另外，得益于时尚杂志对鞋履设计师的关注，时尚界不乏有魅力的鞋履设计师。

女演员在电视剧里毫不费力穿着跟高10厘米的高跟鞋，她们昂首阔步时鞋子发出的咔哒声太酷了。女演员和模特的工作是很多人都向往的。这些鞋子的品牌和设计立即会被识别，并在杂志和互联网上流行开来。节目播出几天后，就会有顾客来店里询问："我想要和节目里那双一样的鞋子！"

但我很想说，"等一下"。

首先，模特和女演员都是经过训练才能穿着这样的高跟鞋漂亮地走路的。她们接受过步行训练，拥有足够的肌肉，即使在稍微尴尬的姿势下也能优雅地行走。最重要的是，在剧中，她们看起来像是整天都穿着高跟鞋，实际上她们只在某个镜头或场景里才穿。

原本，8厘米、10厘米的高跟鞋也不是走长路穿的鞋。它们是用来让女人的脚在聚会等场合看起来更美丽、更闪亮的。不管女人挣多少钱，她们都不会穿着它们通勤。

然而，不管是因为主要是开车出行所以很少穿着高跟鞋走长路，还是只在聚会时穿迷人高跟鞋，当电影或电视剧中的女主角随意穿着它们时，人们就会误解为"她什么时候都穿这样的高跟鞋"。

鞋子是有各自的用途、目的和TPO（指时间、地点、场合，Time，Place，Occasion）的。销售人员的工作之一就是正确理解这一点并传达给顾客。不是简单地说"因为是进口鞋""因为它们时尚或新潮""因为现在很流行"，而是因为它们适合顾客的脚和符合顾客的需求才做推荐。这是销售员应该保持的态度。

◆ 熟练的销售人员了解"基础"和"趋势"

在时尚界，有一种东西叫TPO，"我不会穿牛仔裤参加入学典礼"或"我不会穿白色或粉色参加葬礼"，指的就是这种着装要求和礼仪。

然而，着装要求并不那么简单。在正式场合，您应该穿的衣服的材质和长度会根据您是早上穿还是下午穿而有所不同，甚至连项链的长度也会有所不同。

即使对于鞋子，也有明确的TPO。正如我在上一章中所写，不论穆勒鞋的装饰性、时尚性或精致程度如何，它们基本上都属于室内鞋。如果您穿着穆勒鞋出现在国家级的宴会上，可能会被国际社会嘲笑。

您可能会说，"目前为止，我认为我不会有机会被邀请参加皇家宴会"，或者"现在没有人关心这些事情"。确实，这一点在日本很容易被忽视，但欧美人，尤其是欧洲人，是很重视这样的"老套"常识的。

很多海外游客会进出市区的大型酒店，2020年东京奥运会期间就有很多。因为欧美人有对于着装的常识，而您如果没有，就很可能在不知不觉中因不合时宜的着装而让自己或他人感到尴尬。

这就是为什么您可以信赖鞋专家，您可以向鞋履顾问和销售人员进行咨询。

想成为这样的销售人员您需要做什么？首先要做的就是彻底研究正式的着装规范，密切关注当前的趋势。如果您既了解应遵循的基本知识又了解流行趋势，您就能提出"符合礼仪"的时尚建议。请成为一个拥有很多"抽屉"的销售人员并增加您的粉丝群。我希望顾客积极与销售人员互动，寻找知识渊博、能够提供友好建议的选鞋合作伙伴。

◆ 为什么百货公司不再提供"定制"服务

过去,百货公司是销售高级商品的地方。这一方面现在也没有改变,但近年来,越来越多的百货公司正在创造"高品质的日常体验"。

最好的高级商品是完全定制的,和服、珠宝也是如此,定制衣服是一种真正的奢侈品。用时尚术语来说,完全按订单生产的是"高级时装",成品是"pret-a-porter"。

当然,也有全定制鞋。人的脚的大小和形状从早到晚都会发生变化。由于鞋子穿在这样不可靠的脚上,它们不可能总是完美合脚。即使一开始很合脚,但随着您继续使用,它们也可能出现变形。对于价格昂贵的定制鞋,如果顾客遇到诸如不合适或疼痛之类的问题,店铺可能会收到投诉。

脚和鞋子都容易发生变化。如果买卖双方没有彻底了解、理解并同意交易此类敏感商品,就会引发投诉风暴。当谈到鞋子时,您不能使用"绝对"这个词。但百货公司总是希望提供让顾客完全满意的服务。

这就是百货公司停止提供"定制"服务的原因。

定制服务被放弃的另一个原因是百货公司与顾客之间关系的变化。过去，和服商人是企业主。推销员手拿布料到和服商家拜访，把和服、腰带都铺开，同时拿出布料并思考它如何与商家已有的和服相协调。推销员非常了解客户的情况，了解他们的家庭结构、年龄、生活方式，所以双方不会达成不合理的交易。推销员不会推荐不适合的商品。由于这种信任关系，双方能够维持长期的关系，并且投诉较少。

百货公司过去也是这种情况。难怪许多日本百货公司的前身都是和服商人。但现在商家和客户的关系比较直接、不讲情面。所以对于那么敏感的鞋子，百货公司不能再接受定制的订单。

不过，我认为是时候回归过去和服商和推销员之间那种建立关系的模式了。销售人员和顾客以"常客"的身份建立联系，而不是像从自动售货机购买鞋子那样简单。如果销售人员了解顾客的脚型，即使鞋子敏感或难以挑选，他们也会很乐意购买鞋子。

即使商家不销售完全定制的鞋子，鞋子也是独一无二的，是为每位顾客"量身定制"的，因为是销售员精心挑选和推荐的。这就是为什么说鞋履顾问是鞋子这一高难度商品的专业人士。

专栏

最佳鞋跟高度

在本章中我解释试穿鞋子的检查点时,提到过"身高和鞋跟高度之间是否协调",世界上有各种鞋跟高度的高跟鞋,但如何找到适合自己的高度呢?

如果您是女性,而且曾经穿过高跟鞋走路,您就会明白。穿着高跟鞋走路舒服吗?答案是不舒服,因为它不稳定,还会造成腿部的肌肉紧张。如果不习惯穿它,人就会感觉脚不舒服,步幅也会变窄。只有训练有素、经验丰富的人才能像模特和女演员那样迈着大步走。

即便如此,如果您试图强迫自己穿着它走路会怎样?高跟鞋容易被地面绊住,所以您必须抬起脚。换句话说,走路时必须抬起膝盖,一个不习惯的、未经训练的人这样做的话,走路姿势会变得很奇怪。穿着高跟鞋行走与正常行走不同,它会给整条腿带来压力,肌肉也会感到疲倦和酸痛。您越是一边保护腿一边走,您就越会摔倒。这与优雅相去甚远。

没有规则告诉您因为身高是多少厘米,所以您的鞋跟应该是多少厘米。个子矮的人穿高跟鞋是为了掩盖身高上的劣势，而个子高的人可能会尝试穿鞋跟尽可能低的鞋子。我理解两者的心理，但问题是当您穿着它们走来走去时会发生什么？什么高度才能让人行走平稳、没有危险、笑容自然？高跟鞋还会根据穿鞋者的身高和体格而变化。

在镜子中检查您的整个身体和走路方式，并找出最适合您的高跟鞋高度。它还取决于您的肌肉结构以及您对高跟鞋的习惯程度。

如果您想买高跟鞋，最好询问一下鞋履顾问。

"您想要什么样的设计以及穿着目的是什么？您想搭配什么样的衣服呢？您平时穿多高的高跟鞋？"鞋履顾问在确认好您的脚部状况和您的意愿后，一定会推荐给您最合适的一双。

第 4 章

未来如何买卖鞋子

第4章 未来如何买卖鞋子

我的生活一直围绕着鞋子。无论是睡觉还是醒来，我关注的重点都是脚、鞋子和卖场。同时，我也是个一生都在穿鞋的顾客。少女时代、学生时代、就业、结婚、生育、重返工作岗位……作为一名女性、一位职业人士、一位母亲，我"走过"了人生的各个阶段，但当我回首往事时，我发现我与鞋子的关系随着时间的推移而发生了变化。人体在一生中会经历各种变化，这对于女性来说尤其明显。我们在社会中的地位和生活方式发生了变化，社会本身也发生了变化。在这种情况下，鞋子就成了人们生活中不变的伴侣，一直在为双脚提供坚实的支撑。

在本书最后一章中，我想总结一下我通过自己的"穿鞋"经历所感受到的和学到的。

我们不知道未来等待我们的是一个什么样的世界。然而，很难想象有一天人类将不再穿鞋。无论技术和文化如何变化，人体和生理机能始终保持不变。所以鞋子将继续对人们的健康产生重大影响的事实也不会改变。无论时代怎样变化，鞋子都在继续为人的健康作出贡献，漂亮、时尚的鞋子还会让您感觉快乐。所以我想卖鞋的工作永远都很重要。

◆ 当我看着9岁的孙女时我在想

多少年过去了,我依然在忙着工作和抚养孩子,不知不觉间,我就有了孙女。这一切发生得太快了,我不敢相信我现在已经是一个奶奶了!

我的孙女目前上小学四年级。我很害怕,因为她这个年纪就已经在看时尚杂志了。很小的时候,无论买什么,她总是说"粉色!",她什么东西都喜欢粉色(当然包括鞋子)。她四岁时说:"我厌倦了粉色,所以我想尝试下绿色。"年仅四岁,她就已经能说出对什么东西感到"厌倦",同时,我意识到人们对颜色的敏感度正在发生变化。

视觉是与颜色相关的感觉,另外还有味觉,是与味道相关的感觉。当然,人们看待事物的方式存在个体差异,而人们对所看到的事物的感受也存在个体差异。

人们认为"粉色"是华而不实的。但也有人将粉色视为"青春""华丽""活泼""善良"的。每个人都有自己的接受方式。

人们经常说,"这对我来说太华丽了"或者"这是年轻人穿的颜色",而这是谁决定的?(小学生用)背囊式书包也是如此,我小的时候,女孩的标准是红色,男孩的标准是黑色,这又是谁决定的?如今,书包的颜色多种多样:粉色、紫色、绿色、天蓝色……男孩应该穿黑色或蓝色,女孩应该穿红色或粉色,如果这样的"打扮"从小就影响日本人对颜色的敏感度,那就太可惜了。

尽管如此,如果年幼的孩子是女孩,她们还是想要粉色的衣服和鞋子。这可能是因为她们在动漫和电影中看到的公主和女主角都穿着这种颜色的服装。想要看起来像那样是因为她们憧憬,所以粉色不可避免地自动成为她们"最喜欢的颜色"。

如此多姿多彩的颜色,如果您把它们放在那里,看着它们,欣赏它们,也许会很美妙。但我们应该穿什么颜色的衣服呢?无论谁看到都觉得"美丽"的粉色是一种引人注目的颜色,但它并不适合所有人。当然没有哪种颜色适合每个人。

我认为这里重要的不是"漂亮的颜色",而是"让穿戴者闪闪发光的颜色"。

鞋子也是如此。高跟鞋，时尚的鞋子，或者您在杂志上看到的鞋子，它适合您吗？衣服和鞋子不是您放下并欣赏的东西，是您需要穿着的东西。鞋子会承载体重，走路也会给双腿带来压力。而且您也已经知道，步行舒适的鞋子和适合您脚部的鞋子因人而异。

更重要的是，易于穿着和行走的鞋子不会给人们的身体带来压力。如果它漂亮、时尚，您穿着它会感觉更加自信。穿这样鞋的人自然步幅变大，姿势改善，表情明亮，走路昂首挺胸。相反的情况也是可能的。不管鞋子有多漂亮，如果不合脚或者很难走路，您的表情就会阴沉，走路不自信，姿势也不好，当然对身体也不好。

什么样的鞋子会让您闪闪发光？我认为未来消费者了解鞋子本身并找出哪些鞋子适合他们是很重要的。为此，我们需要做能够引导消费者的销售人员。

◆ 上了年纪后我学到的东西

当我还在卖场做销售员时，负责导购过大批"老一代"顾客。

我在关于脚的知识的书中，读到过"随着年龄的增长，脚底的脂肪会减少，并变得扁平"的内容，所以我过去常常这样指导我的顾客："随着年龄的增长，这些变化就会发生。"当我自己也来到那个年龄阶段时，才深刻地认识到"原来是这么回事！"。事实上，世界上有很多事情，只有把自己放在那个位置上时，您才会明白。因为身体感觉存在个体差异，所以很难对自己未经历的事情持有"当事人"的意识。

然而，凭借多年的经验，我现在能够在"知识"和"经验"之间找到答案。人只要站立和行走，就得穿鞋子，如果您这样想的话，无论您多大年纪，您所获得的知识和经验都不会浪费，我可以利用它们帮助别人，这样想我就会觉得很幸福。

关于"知识"和"经验"，我还确认了一件事。

有一天，一个偶然的机会，我做了全身骨骼检查。这一切都始于牙齿问题，我的一个昂贵的植入物被一块不小心卡在里面的鱼骨损坏了。我自己感到很震惊，我的医生建议我："考虑到您的年龄，检查一下全身骨骼会是个好主意。"总之，就是检查一下整个身体的健康情况，这是医生的好意。由于我的职业，我总是担心我脚上的骨头。当我在健身房做瑜伽时，我早已注意到我的左脚无法正常打开。检查发现，我的左髋关节有轻微错位。作为一名鞋履顾问，我会选择并穿适合我脚的鞋子，但随着年龄的增长，即使是我也遇到了这样的问题。如果您继续穿不合脚的鞋子，您的髋关节会在更年轻的时候就开始发生错位。髋关节支撑着整个身体的姿势和行走。如果年轻时发生扭曲，骨骼就会慢慢地出现变形。如果您的骨骼结构在年轻时就变形，您将不得不长期忍受变形的身体所带来的痛苦。对我来说，那一刻我意识到我真的很高兴自己能够在这个年纪使这种程度的错位稳定下来，而这一切都归功于选择了合适的鞋子。

反过来说，即使您选择了合适的鞋子，这种程度的错位也可能发生。幸运的是，我走路时没有任何疼痛或不舒服（虽然几年前因严重扭伤确实留下一点后遗症）的感觉。但我的经历证明了为自己选择合适的鞋子的重要性。

按照教科书的说法，我的脚正在转变为老年脚，这也是我意识到我脚的变化的原因。那我应该如何应对变化呢？我应该放弃并想，"哦，我变老了"？对我来说，这种转变是一次经历，证实了我年轻时所获得的知识的正确性。这是我自己的经历，所以很有说服力。我想我可以用有说服力的语言和年轻人谈论"老年脚"和"适合老年脚的鞋子"。

关于脚和鞋子，还有很多事情是世人不知道的。如果我介绍的信息能帮到你们，使你们永远健康地继续行走，我会很高兴。

◆ 太固执会让人停滞不前

已经步入老年的我,在与许多客户的合作中,经历过许多难忘的故事,但我印象特别深刻的是北海道的一对夫妇。

我在北海道做一个主题为"让鞋履顾问帮您选鞋"的演讲时,一位听了我讲座的男子向我走来。

"医生告诉我的妻子,她脚上的疼痛是治不好的,所以她只能待在家里。她以前是那么精神,所以无论如何我都想让她恢复健康。"

正当他这么想的时候,他听到了我的话,所以他想让我检查一下他妻子的脚。

我说:"明天之前我都会在北海道,所以请您带着妻子过来一下吧。"第二天,那个男人带着他的妻子一起来了。我当时很好奇被医生那样宣告的脚到底是什么情况,结果一看,她的脚是横弓塌陷的"开张足"。因为脚横弓塌陷,脚底出现了疼痛感。我还了解到,为她诊断的医生解释说:"由于您的年龄,这是不可避免的,虽然不是由严重原因引起的,但无法治愈。"

"因为我们老了，没办法啊"，但真的是这样吗？当然，随着年龄的增长，我们的体力和抵抗力会下降，运动能力也会发生巨大变化。但是，把原因简单地归结为"年龄"，这样对吗？尽管医生试图以"因为年龄"驳回这个问题，但接受者还是感到非常震惊。"我脚上的疼痛一直没有好转""我的脚永远不会痊愈"，如果我被这样绝望的感觉征服，最终也会把自己锁在家里不出来。

因此，我解释说"随着年龄的增长，任何人的脚都会发生变化"，并向他们展示了我的脚，同时说这不是一种疾病，有办法处理它。当地的店里兼容"开张足"的鞋款不多，所以我当时无法向他们提供满意的解决办法。一回到东京，我就挑选了五双鞋，发送给北海道的一家店铺，并委托一位鞋履顾问给顾客和他的妻子提供咨询服务，最终为顾客解决了烦恼。

后来，顾客给我在东京的办公室发了一封感谢信。他的妻子恢复得很好，现在甚至可以前往东京出差了。我记得我听到这个消息时非常高兴。

有些人即使没有生病，也会因为医生的随意评论而感到沮丧，变得灰心、孤僻，无法出门或散步，从而浪费生命的宝贵时光。扁平足和开张足是任何人随着年龄的增长都可能出现的问题。我希望在了解自己的身体如何随着年龄的增长而发生变化之前就放弃的人越来越少。

　　当然，有很多事情人是到了相应年纪才会明白的。不过，我相信鞋履顾问和鞋销售人员能够换位思考，向年长的顾客传授准确的知识，帮助他们解决选鞋时的问题。

◆ 让德国人惊讶的日本婴儿鞋

正如我在前文所解释的那样，我跟随德国的足部和鞋类技师学习了足部健康和鞋子相关知识。

德国人在日本看到某个场景时感到惊讶。那是当他们看到一位年轻的母亲推着婴儿车带着她的孩子散步时的情景。

"为什么婴儿出门的时候没有穿鞋？"

婴儿车里载着的是一个刚出生的婴儿，她还那么小，连站都不会，更别说走路了。他们见状大怒，说："出门怎么能不穿保护脚的鞋？""婴儿车也是危险车辆！"日本人一般不会认为婴儿车=危险吧？当然，日本和欧美对于婴儿车都有严格的标准，但他们仍然说婴儿车是危险车辆。他们在这里指出的并不是怀疑婴儿车的安全性，而是说任何事情都不是绝对的。

他们的想法是，由于不是把婴儿放在了绝对安全的婴儿车上，所以即使婴儿不能走路，他们宝贵的脚也应该受到保护。他们的思维方式是：

・让孩子在开始有记忆之前就穿鞋，以保护他们骨骼和关节尚未发育成熟的小脚。

・通过鞋子保护住神经集中的脚趾，大脑也会感知鞋子的存在。

这个想法是，年轻的大脑能够识别鞋子的存在并引导身体正确地平衡行走，从而刺激大脑发育。从这个角度来看，可以说目前日本很多小学使用的"室内鞋"就没有起到鞋的作用，这些鞋子本身宽松且不可靠，不足以支撑人的脚和体重，由于没能将脚踝固定到位，所以不能保护脚或支撑脚踝。这就像只穿着脚底处稍厚的袜子走路一样，这绝对不是德国人所说的"保护您的脚"。成长中的孩子的脚是很脆弱的，全身骨头最集中的地方在下半身，一只脚就有 26 块骨头（双脚就是 52 块），全身 206 块骨头中，1/4 集中在脚上。学龄儿童一天中大部分时间穿的室内鞋应该是适当支持骨骼生长的……

我的孙女出生、长大、学会走路、上小学……看着她一天天长大，我再次意识到："我需要为让儿童正确穿鞋做点什么！"我的成长，以及我抚养小女儿和孙女的过程中，社会状况发生了巨大变化。现在有一些托儿所、幼儿园提倡赤脚育儿、回归自然。但现在和我小时候相比，孩子可以赤脚走路的条件不一样了。沥青和混凝土的环境一点都不适合赤脚行走。您可能会说,"花园里是裸露的土壤",但它可能是一个经过硬化和平整的花园。以前,雨后有水洼和泥泞,有松软的泥土,杂草丛生的地面……地面有各种硬度和状况,这些如今已经不复存在了。在欧美足部专家看来,在对足部有危险的环境下建议赤脚育儿就是无稽之谈。尤其是在少子老龄化现象日益严重的情况下,我们要重视幼儿培育。让少子化趋势呈 V 形复苏,是正在养育孩子的一代人的紧迫任务。作为鞋履顾问,我们可以努力传播有关选鞋和脚部的知识。

◆ 我在中国鞋市场的经历

这已经是三年前的事了,我受一家中国鞋业品牌的邀请前往四川成都进行试鞋和客户服务培训。

我之前出版的一本书被翻译成中文在中国出版,读过这本书的品牌商想让我做培训。我在那里的经历充满了惊喜。

品牌所有者是一位年轻女士,她的父母拥有一家鞋厂。由于身材娇小,参加聚会时她必须穿高跟鞋才能显得干净利落。然而,她表示很难找到适合她的高跟鞋,她出于这样的担忧创立了自己的品牌。

该品牌产品采用最优质的材料并聘请意大利设计师。凭借精致的设计,使用高品质材料并用手工制作的鞋子,成了真正的奢侈品。

我去那里时,首先让我惊讶的是那里的销售人员、顾客与日本有多么不同。

培训时,我首先向员工教授了日本的礼仪。尽管他们出售的鞋子每双售价超过10万日元,但他们没有鞠躬和跪下来帮顾客试鞋。但这并不是说他们没有礼貌，只是缘于价值观、习俗与日本有差异。

我作为来自日本的鞋履顾问，计划第一天培训员工，第二天我会邀请一些客户并给他们试鞋。

正如我在前文提到的，员工培训是从问候开始的。然而，第二天当我观察他们实际与客户互动时，发现了很多有意义的事情。

第二天品牌所有者的出现让我感到惊讶。店里的工作人员都穿着黑色西装，系着红色腰带。老板穿着一身全黑的连衣裙（顺便说一句，第一天培训的时候，她穿的是大红色的衣服）。在日本人看来，销售一方的人穿裙子是不可想象的。我注意到店里从地板到墙壁都是红色的，因为红色在中国是最吉祥的颜色。

日本人认为"顾客是主角"，所以销售一方会穿得尽可能不显眼。如果是百货公司，可能是制服；如果是经理或主管，可能会穿一套非常正统的海军蓝、黑色或米色西装。但我访问的中国这家店不同，他们营造了一个华丽的红色空间，女主人也穿着华丽的衣服迎接我。事实上，对他们来说，以吉祥、多彩的方式迎接某人就是待客之道。

销售人员的行为也是如此，他们不低头或跪下为顾客服务。他们之所以没有收到投诉，是因为销售一方和顾客一方都没有这样做的习惯。

我意识到客户、销售人员都与日本有很大不同。这不是好坏的问题，文化就是如此不同。

如今，来自亚洲各地的游客来到日本，购买大量优质的日本商品后回去。有些人看到这一幕可能会皱起眉头。然而，日本人也曾跟团出国旅游、抢购名牌商品，并遭到冷眼对待。

不能保证中国会沿着与日本完全相同的道路发展。然而，我觉得随着中国继续以惊人的速度发展经济，人们会出现一种渴望了解鞋子的态度。

◆ 断舍离与时尚

去年我冒险决定进行断舍离。我仍保留着做销售员时穿的长裤套装,因为我的体型基本没有变化,所以现在还是可以穿的。虽然我现在仍活跃在职场,但我做了一个明智的决定——断舍离,因为我认为我不会经常有机会穿着上衣和下装相配的长裤套装出现在公共场合了。

当我整理衣柜时,我发现我有60套长裤套装,它们可以说是我工作时的"战斗服",方便穿着、移动,我穿上它们看起来利落干净。

现在,不言而喻,东西买的时候贵,卖的时候便宜。我这些鞋子中有买的时候花了几万日元的,也有我从未穿过的高跟鞋和长靴,拿到中古店总共才卖了一万日元!不过,我并不是抱怨价格。我想强调的是,即使您买了一双价值几万日元的鞋,当您卖的时候也几乎一文不值。知名品牌的最新款式鞋子每双售价超过10万日元,如果您穿着它们参加时尚人士的聚会,您将成为众人瞩目的焦点。然而,如果明年您穿同样的衣服，明眼人就能看出"那个人穿的是去年的款式"。所以为了成为始终穿着最时尚的人，您是始终购买最新的设计还是购买独一无二的在其他地方买不到的商品（当然，这可能非常昂贵）呢？我想这是穿着一流时装的意义。

当然，大多数人的购买习惯都是不同的。正如我在第 1 章中所说，人们的品牌信仰和拥有品牌商品的满足感正在减弱。但是没有变的是人人都想变得时尚。

一本名为《法国人只有 10 套衣服》（大和书房）的书成了热门话题。

现在可能已经不是追逐顶级品牌的最新款式，或拥有大量衣服和鞋子的时代了。这可能就是"适度时尚"和"适度廉价"的快时尚变得流行的原因。

一旦潮流过去，您就不会喜欢了。一次性鞋是指在短时间内使用完就扔掉的鞋子。断舍离后保留的鞋子或新买的鞋子不应该是"一次性的"。断舍离意味着要确定您现在真正需要的东西。断舍离确实可以帮助您感到身心焕然一新，您的生活方式和思维方式都会变得更简单。我希望您明智地了解的另一件事是："您现在需要的不是一次性鞋子。"

便宜的鞋子很容易买到。所以，即使您没有深思熟虑就买了，您也不会后悔，处理它的方法也很容易，但不知不觉间就又买了一堆东西。这种情况下的断舍离没有任何意义。重要的其实是仔细检查并找到真正适合您脚的鞋子，即使这可能需要经历一些尝试和犯错。即使要花高价，您也要选择适合您脚的，保养好鞋子并请专业人士进行调整，以让鞋子穿起来舒服。如果您希望能够用更少的鞋子混合搭配您的衣服，那么就请选择真正高品质和精致设计的鞋子，这才是所谓的时尚高级人士。

再看看您的鞋柜。您有很多年都没穿过的鞋子吗？有没有哪双鞋您很喜欢，但穿起来感觉很痛？您真正需要什么样的鞋子？弄清楚这些比盲目节俭更聪明、更经济。

◆ 我现在能做什么？

当我整理这本书的时候，我突然发现自己有点不知所措。

"我已经很多年没有在店铺现场工作了。"

"如今有关鞋子的情况与我年轻时的不同了。"

我怀疑即使我今天与人们分享我的经历也可能是没有帮助的。不过，我也这样想：

"人们需要穿着鞋子生活的事实没有改变。"

"鞋子的重要性仍然是一样的。"

鞋子与健康的关系的重要性必将受到越来越多的关注。

我现在已经加入老年人的行列，我所向往的就是能够健康地活着，安详地死去，不被长期的病痛困扰。

要做到这一点，就需要能够很好地行走。人类也是动物，据说，当动物无法再进食、无法站立、无法行走时，它们就濒临死亡。

所以为了保持健康，能够吃饭、站立和行走很重要。

想到这里，我开始觉得现在最想了解鞋子的人应该是中老年人。

抚养孩子的人想知道给孩子穿什么。我需要能帮助我的孩子成长和发展运动技能的鞋子。

同样，中老年一代也是照顾年迈父母的一代。无论您多么健康，随着年龄的增长，您的身体都会衰弱。然而，孩子们这一代已经开始工作了，中老年一代又不能一天24小时和年迈的父母在一起。有些家庭还可能分开生活在相距很遥远的地方。

给这样的年迈的父母，穿什么样的鞋子才能保证他们的安全呢？他们能永远保持健康、年轻和活力吗？

我目前在一家名为Vansan的公司工作，该公司是舒适鞋和足部护理领域的先驱，我负责教授员工有关客户服务礼仪的知识。详细解释一下，Vansan创立了一所名为"Fuss und Schuh Institut"的学校，专门培训足部和鞋类专业人士。作为客户培训的一部分，我担任了"客户服务礼仪学习"课程的讲师。参与者包括骨科和皮肤科的医生、护理人员，反射疗法技师、美甲技师等。除了鞋类销售人员，各种各样的人都来参加培训。在这里的课程中，我教授服务顾客时的礼仪和态度，以及我作为鞋履顾问学到的试穿鞋子的知识。听了我的故事后，一些学生表示有兴趣成为鞋履顾问。在这种情况下，我会向他们推荐 FHA。越来越多的鞋履顾问加入 Fuss und Schuh Institut，因为他们想更多地了解脚部。可以说在 Fuss und Schuh Institut 和 FHA 的经历，成就了我职业生涯的顶峰。

顺便说一句，Vansan 还与医院签订合同，承接足部护理服务，例如为住院患者剪指甲等。当然，Vansan 也帮助一般顾客护理脚部，帮他们选择合适的鞋子。我希望这样的公司的存在能够被更多人所熟知。Vansan 提供的服务非常适合作为敬老日或父母生日的礼物。您也可以选择让 Vansan 为您提供鞋子和足部护理服务，以帮助您健康行走。

当然，一个通过漂亮、时尚的鞋子迎接顾客的鞋类部门是很棒的，但我希望从现在开始，卖场与足部护理店之间的合作关系能成为常态，就像与家庭医生、按摩师等建立关系一样。

> 专栏

未来鞋店
——将自己所学活用到创建一家店上

我在前面的章节写过,日本人不了解自己的脚。有很多人说:"我总是为选鞋而烦恼",或者"我有过痛苦的经历","我想知道什么鞋适合我"。其实每个人都想知道、都想了解的就是鞋子。

如果您能够从鞋履顾问那里了解脚的实际状况,收到对您有意义的解释,并做出真正满意的购买,那么我相信诸如"反正是便宜的鞋子,扔掉也不可惜"和"我可以在网上买在杂志上看到的时尚鞋子"这样的价值观是可以改变的。

如果开一家鞋店,可以为顾客提供有关鞋子的咨询服务,顾客还可以接受足部护理,那会是什么样子呢?"行走困难=运动器官综合征(指骨骼、关节、肌肉等器官、组织功能衰弱,日常生活中的自理能力降低,出现需要护理,甚至于卧床的状态)"这个概念已经变得如此普遍,以至于人们都害怕它。很多针对老年人的营养补充剂,据说对软骨和膝关节有效

(补充软骨素、胶原蛋白等)。

我无意否认它们,但我们更需要让人们知道鞋子对于健康行走的重要性。如果有一家店像卖"处方药"一样,告诉顾客有关脚和鞋子的信息并为他们找到合适的鞋子,我相信这样的鞋店将来一定能够大受欢迎并长期生存下去。

我相信一个人"学到"的任何东西都不会被浪费。我之所以这么说,是因为我作为专业人士亲身经历过。这不仅适用于我在学校学到的东西,也适用于我通过工作从客户那里学到的东西。失败、成功的经历,以及我在街上看到的事情,结婚、找工作、换工作、抚养孩子等生活经历,一切都会成为那个人生命的食物。

正如我多次说过的,人们离不开鞋子,鞋子和生活,鞋子和人生,密不可分。

如果正在阅读本书的您参与鞋子销售,那么"卖场"就是处理此类重要物品的地方。我认为您应该利用迄今为止所学到的知识来创建您的销售平台。

如果您正在寻找适合自己的鞋子,那么您一定要寻找一家可以借用鞋子专业人士的智慧和经验的店铺(部门)。

年轻的时候,我决定把在有乐町西武百货公司学到的所有东西都应用到池袋西武百货公司,无论成功还是失败。在有乐町西武百货公司的经历激励了我学习,我们还设立了足部护理角,作为"鞋类专家",要说服我周围的人并创建我理想中的销售卖场,这绝不是一条容易的道路。所以当一位百货公司的主管告诉我"这不是百货公司的卖场,这是您的舞台"时,我忍不住流下了眼泪。

您可能会认为"我年轻时很活跃啊"。确实,我的经历可能不是每个人都能拥有的。但有一件事是任何人都能做到的,那就是学习。您一定要把学到的东西体现在第二天的客户服务和店铺打造中,如果您继续努力,肯定会有所改变。

有些人可能会想"我是兼职员工,所以我没有那种权力",或者"我的店铺没有那种预算",但任何人都可以列出许多"无法做到"的原因。所以,首先找到一件能让您的客户满意的事情,然后从那里开始建立自己的销售空间。

结　语

2020 年东京奥运会和残奥会于 2021 年在东京成功举行。

我从 1965 年起开始了我的职业生涯。举办 1964 年东京奥运会时，我正在读高中三年级。那时我就已经决定在西武百货公司就职了。

自从我加入公司以来，我在百货公司工作了半个世纪的时间。起初进入公司时，我负责食品部门，在 1973 年我被分配到女鞋部门。从那时起，我积累了许多改变生活的经验。

这本书是我多年来积累的经验的结晶。我写这本书的初衷是希望给我的后辈以及想更多地了解鞋子的人一些提示。

我不断学习销售鞋子所必需的产品知识和技能。一旦我了解了一件事，我就想了解下一件。脚的结构、行走的机制，对于维持健康和终生持续行走至关重要，而这里的关键就是鞋子。

除了鞋子对于我的深刻吸引力之外，让我高兴的是我在百货公司的销售工作很出色并且帮助了很多人，凭借我的努力，

结 语

我取得了很多成果,所以我相信这就是我的使命。即使是能为别人提供一点帮助,我也有一种意想不到的快乐。

为了"销售"商品,深入了解、学习和喜爱该产品非常重要。我不断思考着将创作者(匠人)的感受和想法准确地传达给使用者(顾客)的美妙与困难,如何提供让更多人满意的客户服务,如何提高商品的价值。将基于经验和丰富的产品知识的建议作为信息与商品一起销售,这是成为一名专业销售人员的根本。

最终,我的职业生涯从一名销售人员转变为培训鞋类销售人员的负责人。而我实现这种转变的契机就是我获得了鞋履顾问认证。

作为日本第一位女性鞋履顾问,希望了解女性顾客的脚带给了我动力。在孙子出生后,我还参加了童鞋课程(婴幼儿鞋专门课程)。我自己已经是老年人了,所以我还上了面向老年人的鞋课程。

目前,我仍在足部、鞋类和健康协会(FHA)担任学士(高级)课程讲师。

在我经历过的几个转折点中,让我感触最深的是被分配到有乐町西武百货公司的时候,这也成为我决定学习德国足部护理技术的开端。为了在即将到来的时代继续以健康的双脚行走，足部护理至关重要。

一切为了我的客户。这种专一的精神是我继续学习的动力。我相信是在这个过程中学到的东西带给了我经验，从而成就了我现在的工作。

我不能忘记1995年与Vansan公司创立Fuss und Schuh Institut的远藤社长和夫人的相遇，它正式开启了我的足部护理之门，随后池袋西武、涩谷西武、横滨崇光百货等店纷纷开设了足部护理室。我们成为为客户提供足部健康和鞋子选择的信息库。

正如我在前面提到的，我很想知道我介绍的内容是否对读者有帮助，或者只是成了"民间故事"？不过，我希望我的经历至少能给现在从事销售工作的人一些启示。无论时代如何变化，我们都需要学习很多东西来帮助我们的客户。如果您运用自己丰富的知识，真诚地为客户服务，您的客户就会永远信任您。我希望通过这样的学习和经历，能够让尽可能多的销售人员得到顾客的信任和信赖。

我的工作生涯即将结束，但当我回顾从1965年加入百货公司到今天的岁月，我不禁感叹我度过了多么有趣的人生……

在经济高速增长时期，无论什么东西上架，都会很快被抢

结 语

购一空。销售额似乎每天都在增加，销售区域也在扩大。不仅是销售区，店铺本身也在日本各地开设得越来越多。

2000年我负责培训鞋类销售人员的时候，从北海道到德岛，有30家以上的西武百货和横滨崇光百货。我在所有这些店铺提供指导的日子都是美好的回忆。出差期间，从一家店铺移动到另一家店铺仿佛就在昨天。不幸的是，现在店铺数量已经减少了一半以上。

现在的东西确实不好卖，百货公司面临的形势尤为严峻。即便如此，来到百货公司购物的顾客仍然期望得到"亲切、有礼貌的顾客服务"。

无论时代如何变迁，服务业永远不会消失。我希望所有选择将销售作为职业的人继续作为专业人士充满信心和自豪地学习。

"服务的细节" 系列

书 名	ISBN	定 价
服务的细节：卖得好的陈列	978-7-5060-4248-2	26元
服务的细节：为何顾客会在店里生气	978-7-5060-4249-9	26元
服务的细节：完全餐饮店	978-7-5060-4270-3	32元
服务的细节：完全商品陈列115例	978-7-5060-4302-1	30元
服务的细节：让顾客爱上店铺1——东急手创馆	978-7-5060-4408-0	29元
服务的细节：如何让顾客的不满产生利润	978-7-5060-4620-6	29元
服务的细节：新川服务圣经	978-7-5060-4613-8	23元
服务的细节：让顾客爱上店铺2——三宅一生	978-7-5060-4888-0	28元
服务的细节009：摸过顾客的脚，才能卖对鞋	978-7-5060-6494-1	22元
服务的细节010：繁荣店的问卷调查术	978-7-5060-6580-1	26元
服务的细节011：菜鸟餐饮店30天繁荣记	978-7-5060-6593-1	28元
服务的细节012：最勾引顾客的招牌	978-7-5060-6592-4	36元
服务的细节013：会切西红柿，就能做餐饮	978-7-5060-6812-3	28元
服务的细节014：制造型零售业——7-ELEVEn的服务升级	978-7-5060-6995-3	38元
服务的细节015：店铺防盗	978-7-5060-7148-2	28元
服务的细节016：中小企业自媒体集客术	978-7-5060-7207-6	36元
服务的细节017：敢挑选顾客的店铺才能赚钱	978-7-5060-7213-7	32元
服务的细节018：餐饮店投诉应对术	978-7-5060-7530-5	28元
服务的细节019：大数据时代的社区小店	978-7-5060-7734-7	28元
服务的细节020：线下体验店	978-7-5060-7751-4	32元
服务的细节021：医患纠纷解决术	978-7-5060-7757-6	38元
服务的细节022：迪士尼店长心法	978-7-5060-7818-4	28元
服务的细节023：女装经营圣经	978-7-5060-7996-9	36元
服务的细节024：医师接诊艺术	978-7-5060-8156-6	36元
服务的细节025：超人气餐饮店促销大全	978-7-5060-8221-1	46.8元

书　名	ISBN	定价
服务的细节026：服务的初心	978-7-5060-8219-8	39.8元
服务的细节027：最强导购成交术	978-7-5060-8220-4	36元
服务的细节028：帝国酒店　恰到好处的服务	978-7-5060-8228-0	33元
服务的细节029：餐饮店长如何带队伍	978-7-5060-8239-6	36元
服务的细节030：漫画餐饮店经营	978-7-5060-8401-7	36元
服务的细节031：店铺服务体验师报告	978-7-5060-8393-5	38元
服务的细节032：餐饮店超低风险运营策略	978-7-5060-8372-0	42元
服务的细节033：零售现场力	978-7-5060-8502-1	38元
服务的细节034：别人家的店为什么卖得好	978-7-5060-8669-1	38元
服务的细节035：顶级销售员做单训练	978-7-5060-8889-3	38元
服务的细节036：店长手绘　POP引流术	978-7-5060-8888-6	39.8元
服务的细节037：不懂大数据，怎么做餐饮？	978-7-5060-9026-1	38元
服务的细节038：零售店长就该这么干	978-7-5060-9049-0	38元
服务的细节039：生鲜超市工作手册蔬果篇	978-7-5060-9050-6	38元
服务的细节040：生鲜超市工作手册肉禽篇	978-7-5060-9051-3	38元
服务的细节041：生鲜超市工作手册水产篇	978-7-5060-9054-4	38元
服务的细节042：生鲜超市工作手册日配篇	978-7-5060-9052-0	38元
服务的细节043：生鲜超市工作手册之副食调料篇	978-7-5060-9056-8	48元
服务的细节044：生鲜超市工作手册之POP篇	978-7-5060-9055-1	38元
服务的细节045：日本新干线7分钟清扫奇迹	978-7-5060-9149-7	39.8元
服务的细节046：像顾客一样思考	978-7-5060-9223-4	38元
服务的细节047：好服务是设计出来的	978-7-5060-9222-7	38元
服务的细节048：让头回客成为回头客	978-7-5060-9221-0	38元
服务的细节049：餐饮连锁这样做	978-7-5060-9224-1	39元
服务的细节050：养老院长的12堂管理辅导课	978-7-5060-9241-8	39.8元
服务的细节051：大数据时代的医疗革命	978-7-5060-9242-5	38元
服务的细节052：如何战胜竞争店	978-7-5060-9243-2	38元
服务的细节053：这样打造一流卖场	978-7-5060-9336-1	38元
服务的细节054：店长促销烦恼急救箱	978-7-5060-9335-4	38元

书　名	ISBN	定　价
服务的细节055：餐饮店爆品打造与集客法则	978-7-5060-9512-9	58元
服务的细节056：赚钱美发店的经营学问	978-7-5060-9506-8	52元
服务的细节057：新零售全渠道战略	978-7-5060-9527-3	48元
服务的细节058：良医有道：成为好医生的100个指路牌	978-7-5060-9565-5	58元
服务的细节059：口腔诊所经营88法则	978-7-5060-9837-3	45元
服务的细节060：来自2万名店长的餐饮投诉应对术	978-7-5060-9455-9	48元
服务的细节061：超市经营数据分析、管理指南	978-7-5060-9990-5	60元
服务的细节062：超市管理者现场工作指南	978-7-5207-0002-3	60元
服务的细节063：超市投诉现场应对指南	978-7-5060-9991-2	60元
服务的细节064：超市现场陈列与展示指南	978-7-5207-0474-8	60元
服务的细节065：向日本超市店长学习合法经营之道	978-7-5207-0596-7	78元
服务的细节066：让食品网店销售额增加10倍的技巧	978-7-5207-0283-6	68元
服务的细节067：让顾客不请自来！卖场打造84法则	978-7-5207-0279-9	68元
服务的细节068：有趣就畅销！商品陈列99法则	978-7-5207-0293-5	68元
服务的细节069：成为区域旺店第一步——竞争店调查	978-7-5207-0278-2	68元
服务的细节070：餐饮店如何打造获利菜单	978-7-5207-0284-3	68元
服务的细节071：日本家具家居零售巨头NITORI的成功五原则	978-7-5207-0294-2	58元
服务的细节072：咖啡店卖的并不是咖啡	978-7-5207-0475-5	68元
服务的细节073：革新餐饮业态：胡椒厨房创始人的突破之道	978-7-5060-8898-5	58元
服务的细节074：餐饮店简单改换门面，就能增加新顾客	978-7-5207-0492-2	68元
服务的细节075：让POP会讲故事，商品就能卖得好	978-7-5060-8980-7	68元

书 名	ISBN	定价
服务的细节 076：经营自有品牌	978-7-5207-0591-2	78元
服务的细节 077：卖场数据化经营	978-7-5207-0593-6	58元
服务的细节 078：超市店长工作术	978-7-5207-0592-9	58元
服务的细节 079：习惯购买的力量	978-7-5207-0684-1	68元
服务的细节 080：7-ELEVEn 的订货力	978-7-5207-0683-4	58元
服务的细节 081：与零售巨头亚马逊共生	978-7-5207-0682-7	58元
服务的细节 082：下一代零售连锁的 7 个经营思路	978-7-5207-0681-0	68元
服务的细节 083：唤起感动	978-7-5207-0680-3	58元
服务的细节 084：7-ELEVEn 物流秘籍	978-7-5207-0894-4	68元
服务的细节 085：价格坚挺，精品超市的经营秘诀	978-7-5207-0895-1	58元
服务的细节 086：超市转型：做顾客的饮食生活规划师	978-7-5207-0896-8	68元
服务的细节 087：连锁店商品开发	978-7-5207-1062-6	68元
服务的细节 088：顾客爱吃才畅销	978-7-5207-1057-2	58元
服务的细节 089：便利店差异化经营——罗森	978-7-5207-1163-0	68元
服务的细节 090：餐饮营销1：创造回头客的 35 个开关	978-7-5207-1259-0	68元
服务的细节 091：餐饮营销2：让顾客口口相传的 35 个开关	978-7-5207-1260-6	68元
服务的细节 092：餐饮营销3：让顾客感动的小餐饮店"纪念日营销"	978-7-5207-1261-3	68元
服务的细节 093：餐饮营销4：打造顾客支持型餐饮店 7 步骤	978-7-5207-1262-0	68元
服务的细节 094：餐饮营销5：让餐饮店坐满女顾客的色彩营销	978-7-5207-1263-7	68元
服务的细节 095：餐饮创业实战1：来，开家小小餐饮店	978-7-5207-0127-3	68元
服务的细节 096：餐饮创业实战2：小投资、低风险开店开业教科书	978-7-5207-0164-8	88元

书 名	ISBN	定 价
服务的细节097：餐饮创业实战3：人气旺店是这样做成的！	978-7-5207-0126-6	68元
服务的细节098：餐饮创业实战4：三个菜品就能打造一家旺店	978-7-5207-0165-5	68元
服务的细节099：餐饮创业实战5：做好"外卖"更赚钱	978-7-5207-0166-2	68元
服务的细节100：餐饮创业实战6：喜气的店客常来，快乐的人福必至	978-7-5207-0167-9	68元
服务的细节101：丽思卡尔顿酒店的不传之秘：超越服务的瞬间	978-7-5207-1543-0	58元
服务的细节102：丽思卡尔顿酒店的不传之秘：纽带诞生的瞬间	978-7-5207-1545-4	58元
服务的细节103：丽思卡尔顿酒店的不传之秘：抓住人心的服务实践手册	978-7-5207-1546-1	58元
服务的细节104：廉价王：我的"唐吉诃德"人生	978-7-5207-1704-5	68元
服务的细节105：7-ELEVEn一号店：生意兴隆的秘密	978-7-5207-1705-2	58元
服务的细节106：餐饮连锁如何快速扩张	978-7-5207-1870-7	58元
服务的细节107：不倒闭的餐饮店	978-7-5207-1868-4	58元
服务的细节108：不可战胜的夫妻店	978-7-5207-1869-1	68元
服务的细节109：餐饮旺店就是这样"设计"出来的	978-7-5207-2126-4	68元
服务的细节110：优秀餐饮店长的11堂必修课	978-7-5207-2369-5	58元
服务的细节111：超市新常识1：有效的营销创新	978-7-5207-1841-7	58元
服务的细节112：超市的蓝海战略：创造良性赢利模式	978-7-5207-1842-4	58元
服务的细节113：超市未来生存之道：为顾客提供新价值	978-7-5207-1843-1	58元
服务的细节114：超市新常识2：激发顾客共鸣	978-7-5207-1844-8	58元
服务的细节115：如何规划超市未来	978-7-5207-1840-0	68元

书 名	ISBN	定 价
服务的细节116：会聊天就是生产力：丽思卡尔顿的"说话课"	978-7-5207-2690-0	58元
服务的细节117：有信赖才有价值：丽思卡尔顿的"信赖课"	978-7-5207-2691-7	58元
服务的细节118：一切只与烤肉有关	978-7-5207-2838-6	48元
服务的细节119：店铺因顾客而存在	978-7-5207-2839-3	58元
服务的细节120：餐饮开店做好4件事就够	978-7-5207-2840-9	58元
服务的细节121：永旺的人事原则	978-7-5207-3013-6	59.80元
服务的细节122：自动创造价值的流程	978-7-5207-3022-8	59.80元
服务的细节123：物流改善推进法	978-7-5207-2805-8	68元
服务的细节124：顾客主义：唐吉诃德的零售设计	978-7-5207-3400-4	59.80元
服务的细节125：零售工程改造老化店铺	978-7-5207-3401-1	59.90元
服务的细节126："笨服务员"解决术1：服务的分寸感	978-7-5207-3559-9	58.00元
服务的细节127："笨服务员"解决术2：培养有"眼力见"的员工	978-7-5207-3560-5	58.00元
服务的细节128："笨服务员"解决术3：服务礼仪，就这样做、这么想	978-7-5207-3561-2	58.00元
服务的细节129："笨服务员"解决术4：治愈顾客情绪	978-7-5207-3562-9	58.00元
服务的细节130："笨服务员"解决术5：捕捉顾客的真实想法	978-7-5207-3563-6	58.00元
服务的细节131：我是厨师，我想开自己的店	978-7-5207-3569-8	59.80元
服务的细节132：餐饮店"零成本策略"：不花一分钱的揽客妙招	978-7-5207-2125-7	59.80元
服务的细节133：新医患纠纷解决术	978-7-5207-3998-6	68.00元
服务的细节134：增加顾客的34则话术	978-7-5207-4054-8	58.00元

书　名	ISBN	定　价
服务的细节135：牙科诊所创业	978-7-5207-4011-1	58.00元
服务的细节136：提高成交率的50个销售技巧	978-7-5207-4053-1	58.00元
服务的细节137：餐饮店卫生管理	978-7-5207-4402-7	63.80元
服务的细节138：像销冠一样卖鞋	978-7-5207-4403-4	49.80元

关于"服务的细节丛书"介绍：

东方出版社从 2012 年开始关注餐饮、零售、酒店业等服务行业的升级转型，为此从日本陆续引进了一套"服务的细节"丛书，是东方出版社"双百工程"出版战略之一，专门为中国服务业产业升级、转型提供思想武器。

所谓"双百工程"，是指东方出版社计划用 5 年时间，陆续从日本引进并出版在制造行业独领风骚、服务业有口皆碑的系列书籍各 100 种，以服务中国的经济转型升级。我们命名为"精益制造"和"服务的细节"两大系列。

我们的出版愿景："通过东方出版社'双百工程'的陆续出版，哪怕我们学到日本经验的一半，中国产业实力都会大大增强！"

到目前为止"服务的细节"系列已经出版 138 本，涵盖零售业、餐饮业、酒店业、医疗服务业、服装业等。

更多酒店业书籍请扫二维码

了解餐饮业书籍请扫二维码

了解零售业书籍请扫二维码

图字：01-2024-4619 号

Okyakusama wo Shiawase Nisuru "Kutsuuriba"
by Michiko Kubota
Copyright © 2018 by Michiko Kubota
Simplified Chinese translation copyright © 2024 by Oriental Press. All rights reserved

Original Japanese language edition published by KIKUROSU Publishing Co., Ltd. Simplified Chinese translation rights arranged with KIKUROSU Publishing Co., Ltd. through Hanhe International(HK) Co., Ltd.

图书在版编目（CIP）数据

像销冠一样卖鞋／（日）久保田美智子著；晓磊译.
北京：东方出版社，2025.4. --（服务的细节）.
ISBN 978-7-5207-4403-4
Ⅰ. F768.9
中国国家版本馆 CIP 数据核字第 20258P5Y84 号

服务的细节 138：像销冠一样卖鞋
(FUWU DE XIJIE 138: XIANG XIAOGUAN YIYANG MAIXIE)

作　　者：[日] 久保田美智子
译　　者：晓　磊
责任编辑：高琛倩
出　　版：东方出版社
发　　行：人民东方出版传媒有限公司
地　　址：北京市东城区朝阳门内大街 166 号
邮　　编：100010
印　　刷：北京联兴盛业印刷股份有限公司
版　　次：2025 年 4 月第 1 版
印　　次：2025 年 4 月第 1 次印刷
开　　本：880 毫米×1230 毫米　1/32
印　　张：5.625
字　　数：107 千字
书　　号：ISBN 978-7-5207-4403-4
定　　价：49.80 元
发行电话：(010) 85924663　85924644　85924641

版权所有，违者必究

如有印装质量问题，我社负责调换，请拨打电话：(010) 85924602　85924603